토익 압축 기본서

PART 5
문법

영단기 토익
만점자 필기노트

영단기 토익 만점자 필기노트 <PART 5 문법>

저자	영단기 연구소
기획 총괄	김광중
기획·편집	정유상
마케팅·영업	양광열 김정현 양윤화 김보경 김보연 김진혁
표지 디자인	남보라
내지 디자인	윤혜원 안다혜
펴낸날	초판 1쇄 2023년 3월 30일
펴낸이	김정택
펴낸곳	㈜에스티유니타스
등록번호	제25100-2022-000072호
홈페이지	eng.conects.com
고객센터	카카오톡 플러스 친구 [영단기] / 커넥츠 영단기 1:1 게시판
주소	서울시 구로구 경인로 662 타워동 30층/31층
ISBN	979-11-6966-027-3 (13740)

파본은 구매일로부터 30일 이내에 구입처에서 바꿔 드립니다.
가격은 뒤표지에 있습니다.
이 책에 실린 모든 글과 사진, 일러스트를 포함한 디자인 및 편집 형태, 배포에 대한 권리는
㈜에스티유니타스에 있으므로 무단으로 전재하거나 복제, 배포, 전송할 수 없습니다.

영단기 토익
만점자 필기노트

목차

Unit 01 명사 8
1. 명사의 역할　2. 명사가 들어가는 위치　3. 명사의 형태
4. 가산 명사 vs. 불가산 명사　5. 의미나 형태가 비슷한 가산/불가산 명사
6. 사람 명사 vs. 사물/추상 명사　7. 복합명사

Unit 02 대명사 16
1. 인칭대명사의 종류　2. 인칭대명사의 위치　3. 재귀대명사
4. 지시대명사　5. 부정대명사　6. 전체 중 일부를 나타내는 대명사

Unit 03 형용사 26
1. 형용사의 역할　2. 형용사의 형태　3. 파생어 형용사 구별
4. 형용사 짝꿍 표현　5. 형용사 숙어(be + 형용사 + 전치사)　6. 수량 형용사

Unit 04 부사 34
1. 부사의 역할과 위치　2. 빈도부사　3. 부정 부사　4. 시간 부사
5. 숫자 표현과 함께 사용하는 부사　6. 빈출 부사 구분
7. 형태는 비슷하지만 의미가 다른 부사　8. 접속부사

Unit 05 전치사 44
1. 전치사의 위치　2. 시간 전치사　3. 장소/위치/방향 전치사
4. 비슷한 의미의 전치사　5. 이유/양보 전치사　6. 두 단어 이상 전치사
7. 전치사 숙어　8. 전치사 관용 표현

Unit 06 동사의 종류와 수 일치 52
1. 동사의 종류　2. 반드시 동사원형을 쓰는 경우　3. 단수 주어 + 단수 동사 / 복수 주어 + 복수 동사
4. there 구문의 수 일치　5. 주격 관계절의 수 일치　6. 부분/전체를 나타내는 표현의 수 일치
7. 수 일치의 예외

Unit 07 능동태와 수동태 62
1. 능동태와 수동태의 형태 구분　2. 자동사(1, 2 형식 동사)의 태　3. 3형식 동사의 수동태
4. 4형식 동사의 수동태　5. 5형식 동사의 수동태　6. 감정 동사의 수동태　7. 수동태 숙어

Unit 08 시제 68
1. 단순 시제　2. 완료 시제　3. 진행 시제　4. 가정법의 시제

Unit 09 to부정사 ... 76
1. to부정사의 역할   2. to부정사의 태 일치
3. to부정사의 의미상의 주어   4. to부정사 관용 표현   5. 준사역동사 help

Unit 10 동명사 ... 82
1. 동명사의 역할   2. 동명사 vs. 명사   3. 동명사의 태 일치   4. 동명사의 의미상의 주어
5. 동명사를 목적어로 취하는 동사   6. 동명사 숙어 표현   7. 전치사 to vs. to부정사의 to
8. -ing형 명사 vs. 일반 명사

Unit 11 분사 ... 88
1. 분사의 역할   2. 현재분사(V-ing) vs. 과거분사(p.p.)
3. 감정동사의 분사   4. 주의해야 할 분사   5. 분사구문

Unit 12 등위·상관접속사 / 명사절 접속사 ... 96
1. 등위접속사   2. 상관접속사   3. 명사절의 역할
4. 명사절 접속사 that   5. 명사절 접속사 whether/if
6. 명사절 접속사: 의문사   7. 복합관계대명사   8. what vs. that

Unit 13 형용사절 접속사 ... 104
1. 관계대명사의 역할과 종류   2. 관계대명사 that   3. 관계대명사의 생략
4. 전치사 + 관계대명사   5. 수량 표현 + of + 관계대명사   6. 관계부사

Unit 14 부사절 접속사 ... 110
1. 접속사 vs. 전치사 vs. 부사의 구분   2. 부사절 접속사의 종류
3. 부사절 접속사 + -ing/-ed(p.p.)   4. 복합관계부사

Unit 15 비교 구문 ... 116
1. 원급 비교   2. 비교급   3. 최상급   4. 비교급/최상급 관용 표현

Review Note 정답 ... 122

똑 소리 나는 필기노트 활용법

본 학습 영역

1 토익 1회당 출제문항수 0~1 1~2 2~3 3~4 4~5

Unit 01 명사

2 출제 포인트
1. 명사의 역할　　2. 명사가 들어가는 위치　　3. 명사의 형태　　4. 가산 명사 vs. 불가산
5. 의미나 형태가 비슷한 가산/불가산 명사　　6. 사람 명사 vs. 사물/추상 명사　　7. 복합명사

3 출제 포인트 1 　　**명사의 역할**
✓ 주어 역할, 타동사의 목적어 역할, 전치사의 목적어 역할, 보어 역할
✓ 토익에 명사 보어는 거의 출제 X, 주로 형용사 보어가 출제된다.

1 주어 역할
- 주어 역할을 할 때는 명사 뒤에 동사가 바로 오거나 수식어구가 주어-동사 사이에 위치
  └ 부사, 전치사구, to부정사구, 분사구, 형용사절

Donations [to the Manchester Theater] are always welcome.
　주어　　　　　수식어구　　　　　　　동사
맨체스터 극장에 대한 기부금은 언제나 환영입니다.

4 2 **목적어 역할**

① 타동사의 목적어　☆ 동사의 자/타동사 여부 알고 있어야 함!

We are seeking advice from specialists in the industry. 우리는 업계의 전문가들에게서 조언
　　　타동사　목적어

＊ seek new employees 신입사원을 찾다　seek a solution 해결책을 구하다

② 전치사의 목적어

Invitations were sent to members last week. 초대장은 지난주에 회원들에게 발송되었다.
　　　　　　　　　　전치사　목적어

② 목적격 보어: 목적어=보어
The board of directors considers Mr. Choi the head of department.
　주어　　　　　　　　동사　　목적어　　　목적격 보어(Mr. Choi = head of department)
경영진은 최 씨를 부서장으로 고려한다.

5
기출 기반 문제　　　　　　타동사의 목적어 자리
　　　　　　　　　　　　→ 명사!
You / can avoid / -------- of typo
　　　　타동사
errors / with the new automatic
spelling check function.

(A) repeatable 형　　(B) repeated 동
(C) repeatedly 부　　(D) repetition 명
　　　　　　　　　　　명사 어미

avoid ~을 피하다
typo error 오타
automatic 자동의
function 기능; 기능하다
repeat 반복하다
repetition 반복

1 토익 1회당 출제 문항 수 제시

각 Unit의 문법 항목의 토익 시험 1회당 평균 출제 문항 수를 제시하였습니다. 이를 통해 중요도와 빈출도를 확인할 수 있습니다.
본인의 목표 점수대에 따라 출제 빈도가 높은 Unit에 더 집중하여 공부하세요.

600점 목표	출제 문항 수 3~4, 4~5인 Unit을 중점적으로 학습
750점 목표	출제 문항 수 2~3, 3~4, 4~5인 Unit을 중점적으로 학습
900점 이상 목표	모든 Unit 학습

2 전체 출제 포인트 한눈에 보기

해당 Unit에서 학습할 출제 포인트를 한눈에 미리 볼 수 있게 정리하였습니다. 뼈대를 먼저 잡고 세부 내용을 학습하세요.
토익에 나오는 출제 포인트만 엄선하여 수록하였습니다.

3 각 출제 포인트의 핵심만 요약

각 출제 포인트에서 학습할 내용 중 핵심적인 내용만 먼저 제시하여 정리하였습니다. 시간이 없거나 시험 직전 마무리 학습시에는
이 부분을 중심으로 내용을 빠르게 훑어보세요.

4 문법 개념 필기 영역

토익 기본서의 내용과 선생님의 설명까지 꼼꼼하게 정리하였습니다. 설명의 내용에 따라 글자 색깔을 구분하여 학습자들이
구분하여 볼 수 있도록 편의성을 높였습니다.

검정색	기본 내용	초록색	출제 팁/고득점 포인트/부가적인 설명
파랑색	문장 구조 분석/문장 성분 표기	주황색	어휘 설명
형광펜	특히 자주 출제되거나 중요한 내용	보라색 메모지	기초 개념/주의할 부분 등

5 기출 기반 문제   연두색 메모지

출제 포인트가 실제 토익에서 어떻게 문제로 출제되는지 확인할 수 있도록 기출 기반 문제를 수록하였습니다.
PART 5 문제 풀이의 핵심인 문장 구조 분석을 할 수 있도록 끊어읽기와 수식어구를 표시하여 제시하였습니다.
문제의 주요 어휘도 바로 옆에 정리하여 함께 학습할 수 있습니다.

똑 소리 나는 필기노트 활용법

복습 영역

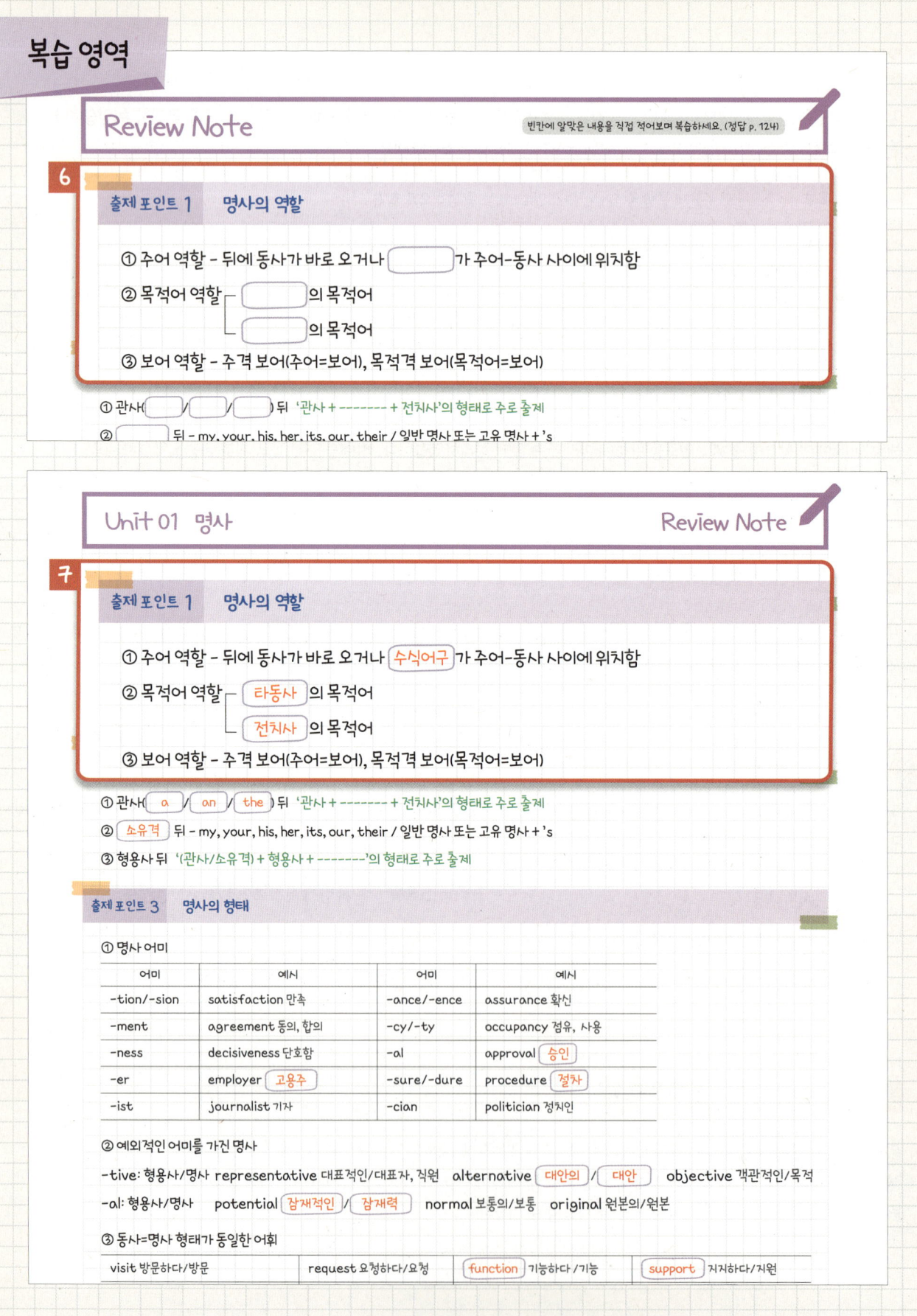

6 Review Note 빈칸 채우기

본 학습을 모두 마친 후 학습한 내용을 스스로 점검해 볼 수 있도록 리뷰 노트(빈칸 노트)를 수록하였습니다.
☐ 로 제시된 핵심 내용의 빈칸을 채워가며 개념을 복습하세요.

7 Review Note 정답

교재 마지막에 리뷰 노트의 빈칸 정답이 채워진 노트를 수록하였습니다.
본인이 채운 빈칸 내용과 정답을 확인하며 스스로 실력을 점검해 보세요. 빈칸 내용이 헷갈렸거나 틀린 부분은 반드시 해당 출제 포인트의 본 학습으로 돌아가 다시 한번 학습하고 넘어가세요.
시험 직전에는 리뷰 노트 정답 페이지만 빠르게 읽어보며 마무리 할 수 있습니다.

빠른 목표 점수 달성을 도와줄 영단기 무료 학습 자료   eng.conects.com

시험 직후 빠른 토익 점수 확인
초고속 정답 서비스

출제 포인트에서 오답 포인트까지
토익 무료 강의

나만의 어휘 암기 비법
토익 VOCA 시험지

Unit 01 명사

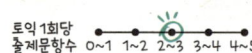
토익 1회당 출제문항수 0~1 1~2 2~3 3~4 4~5

출제 포인트
1. 명사의 역할   2. 명사가 들어가는 위치   3. 명사의 형태   4. 가산 명사 vs. 불가산 명사
5. 의미나 형태가 비슷한 가산/불가산 명사   6. 사람 명사 vs. 사물/추상 명사   7. 복합명사

출제 포인트 1 **명사의 역할**
✓ 주어 역할, 타동사의 목적어 역할, 전치사의 목적어 역할, 보어 역할
✓ 토익에 명사 보어는 거의 출제 X, 주로 형용사 보어가 출제된다.

[1] **주어 역할**
- 주어 역할을 할 때는 명사 뒤에 동사가 바로 오거나 수식어구가 주어-동사 사이에 위치
  └ 부사, 전치사구, to부정사구, 분사구, 형용사절

Donations [to the Manchester Theater] are always welcome.
  주어   수식어구   동사
맨체스터 극장에 대한 기부금은 언제나 환영입니다.

[2] **목적어 역할**

① 타동사의 목적어 ☆ 동사의 자/타동사 여부 알고 있어야 함!

We are <u>seeking advice</u> from specialists in the industry. 우리는 업계의 전문가들에게서 조언을 구하고 있다.
       타동사 목적어

* seek new employees 신입사원을 찾다   seek a solution 해결책을 구하다

② 전치사의 목적어

Invitations were sent <u>to members</u> last week. 초대장은 지난주에 회원들에게 발송되었다.
                     전치사 목적어

[3] **보어 역할** ☆ 명사 보어는 거의 출제 X, 토익에는 주로 형용사 보어가 출제된다!

① 주격 보어: 주어=보어   Jerry's Farm is a famous attraction. 제리의 농장은 유명한 관광지이다.
                        주어   동사   보어(Jerry's Farm = attraction)

② 목적격 보어: 목적어=보어
The board of directors considers Mr. Choi the head of department.
       주어   동사   목적어   목적격 보어(Mr. Choi = head of department)
경영진은 최 씨를 부서장으로 고려한다.

기출기반문제
                          타동사의 목적어 자리
                          → 명사!
You / can avoid / ------- of typo
          타동사
errors / with the new automatic
spelling check function.

(A) repeatable 형   (B) repeated 동
(C) repeatedly 부   (D) repetition 명
                        명사 어미

avoid ~을 피하다
typo error 오타
automatic 자동의
function 기능; 기능하다
repeat 반복하다
repetition 반복

출제 포인트 2 — 명사가 들어가는 위치
✓ '관사 + 명사 + 전치사'
✓ '(관사/소유격) + 형용사 + 명사'

1 관사(a/an/the) 뒤 ☆ '관사 + ------ + 전치사'의 형태로 주로 출제

The <u>appointment</u> of a new chief financial officer was announced on April 6.
　관사　　명사　　　전치사

신임 재무 장관의 임명이 4월 6일에 발표되었다.

2 소유격 뒤

① 소유격 인칭대명사: my, your, his, her, its, our, their

② 명사의 소유격(일반 명사 or 고유 명사 + 's): manager's, Ms. Allen's

Mr. Williams submitted <u>his application</u> for a mortgage loan.
　　　　　　　　　　　　소유격　　명사

윌리엄스 씨는 주택 담보 대출 신청서를 제출했다.

The <u>manager's proposal</u> was impressive. 매니저의 제안서는 인상적이었다.
　　소유격　　명사

③ '소유격 + own' 뒤도 명사 자리이다.　your own opinions 여러분들의 의견

3 형용사 뒤 ☆ '(관사/소유격) + 형용사 + ------'의 형태로 주로 출제

Please go to the customer service center with <u>your original receipt</u>.
　　　　　　　　　　　　　　　　　　　　　　　소유격　형용사　　명사

당신의 원본 영수증을 가지고 고객서비스 센터로 가세요.

AT Motors offers • <u>competitive salaries</u>. AT 자동차 사는 높은 급여를 제공한다.
　　　　　　　　↑　　형용사　　　명사
　　　　　　관사/소유격 X

출제 포인트 3 — 명사의 형태
✓ 명사 어미: -ment / -tion / -ness / -ance / -ence / -cy / -ty / -al 등
✓ 형용사 어미를 가졌지만 명사인 어휘, 동사=명사 형태가 동일한 어휘 등 예외적인 경우를 알아두자.

1 명사 어미

어미	예시	어미	예시
-tion/-sion	satisfaction 만족	-ance/-ence	assurance 확신
-ment	agreement 동의, 합의	-cy/-ty	occupancy 점유, 사용
-ness	decisiveness 단호함	-al	approval 승인
-er	employer 고용주	-sure/-dure	procedure 절차
-ist	journalist 기자	-cian	politician 정치인

2 예외적인 어미를 가진 명사

① -tive: 형용사/명사

representative 대표적인/대표자, 직원　　alternative 대안의/대안　　objective 객관적인/목적

Unit 01 명사

cf. -tive로 끝나는데 명사로만 쓰이는 어휘
  initiative 계획   perspective 관점   additive 첨가물, 첨가제

② -al: 형용사/명사
  potential 잠재적인/잠재력   normal 보통의/보통   original 원본의/원본

③ 동사=명사 형태가 동일한 어휘

visit 방문하다/방문	request 요청하다/요청	function 기능하다/기능
support 지지하다/지원	record 기록하다/기록	delay 지연되다/지연
charge 청구하다/청구금	review 검토하다/검토	offer 제공하다/제의, 제안

[기출기반문제]

Mr. Yang / gave / the board of directors /
his full ------ [that / they / would win /
      형용사   형용사 뒤 → 명사
the contract].

(A) assure 동
(B) assured 동
(C) assuring 동명사
(D) assurance 명
                명사 어미

board of directors 경영진, 이사회
assure 확실하게 하다, 보장하다
assurance 확신
win the contract 계약을 따내다

출제 포인트 4 가산 명사 vs. 불가산 명사
✓ 가산 명사: 앞에 a/an/the/소유격이 오거나 복수 형태로 쓰인다.
✓ 불가산 명사: 앞에 the만 올 수 있고 복수 형태로는 쓸 수 없다.

	셀 수 있는 **가산 명사**	셀 수 없는 **불가산 명사**
쓰이는 형태	- a/an/the/소유격 + 가산 명사 - 가산 명사 + -s/-es	- the/소유격 + 불가산 명사 (a/an과 쓸 수 X) - 복수 형태로 쓸 수 X - 명사 단독 사용 가능
빈출 명사	- 돈/금액 관련 명사 　a refund/refunds 환불 the price/prices 가격 　a discount/discounts 할인 　the rate/rates 요금 　a benefit/benefits 혜택, 수당 　the profit/profits 이익, 수익 - 규정/규칙 관련 명사 　a regulation/regulations 규제 　a procedure/procedures 절차 　a standard/standards 기준 a rule/rules 규칙 　an instruction/instructions 지시사항	advice 조언 access 접근, 이용 information 정보 notice 통지 equipment 장비 consent 동의 luggage/baggage 짐 news 뉴스, 소식 merchandise 상품, 물품 compliance 준수 clothing 의류

- 사람을 나타내는 모든 명사
an employee/employees 직원
a consultant/consultants 자문가
a representative/representatives 직원

Vincent Lab is now hiring **an intern**. (o)
　　　　　　　　　　　　　　interns (o)
　　　　　　　　　　　　　　intern (X)
빈센트 실험실은 현재 인턴을 채용하고 있다.

I need **advice** (o) from my supervisor.
　　　　an advice (X)
　　　　advices (X)
나는 상사의 조언이 필요하다.

기출기반문제 → 주어 자리 → 명사
[------- / to the research lab] is allowed / 동사
only / to the visitors [accompanied / by an employee].

(A) Accessed 동　　(B) Accessing + 목적어
(C) Accessible 형　(D) Access 명

research lab 실험실
allow 허가하다
accompany by ~와 동반하다
★ access 접근; 접근하다, 이용하다
　　　　　　동사일 경우 타동사!
accessible 접근 가능한

출제 포인트 5 　의미나 형태가 비슷한 가산/불가산 명사의 구분

✓ 의미나 형태가 비슷한 가산/불가산 명사가 보기에 함께 출제된다.
→ 빈칸 앞에 관사나 소유격이 있으면 가산 명사, 없으면 불가산 명사가 답이다.

가산 명사	-	불가산 명사
product/item/goods 물건, 상품	-	merchandise 상품
approach 접근(법)	-	access 접근, 이용
permit 허가증	-	permission 허가, 허락
survey 조사	-	research 연구
certificate 수료증, 증명서	-	certification 증명
machine 기계	-	machinery 기계류
fund 자금	-	funding 자금, 재정 지원
account 계좌, 계정	-	accounting 회계

　　　　　　　　　관사/소유격 X
　　　　　　　　　↓
The brand manager gave • **permission** to air a TV commercial.
　　　　　　　　　　permit (X)
브랜드 매니저는 TV 광고를 방영하는 것에 대한 허가를 내렸다.

> ☆ 빈칸 앞에 관사나 소유격이 없는 명사 자리 문제 풀이 팁!
>
> ① 보기에 가산 명사의 단수형, 복수형 모두 있을 경우 반드시 복수형이 정답
> free shipping for online • (purchase / **purchases**)
>   ↑
>   관사/소유격 X
>
> ② 보기에 가산 명사 단수형과 불가산 명사가 있을 경우 불가산 명사가 정답
> looking for • (employer / **employment**)
>   ↑
>   관사/소유격 X
>
> ③ 보기에 가산 명사 복수형과 불가산 명사가 있을 경우 문맥상 적절한 명사가 정답
> hiring • (**professionals** / professionalism) '전문가'들을 고용하는 것
>   ↑
>   관사/소유격 X

출제 포인트 6 — 사람 명사 vs. 사물/추상 명사 ∞ 하나의 단어에서 파생된 명사 구분
✓ 사람 명사는 앞에 관사가 있거나 복수형으로 써야 한다.

1 사람 명사는 앞에 관사가 있거나 복수형으로 써야 함

The company decided to apply the vacation policy to • **interns**.
                                                      ↑
                                                      관사/소유격 X

회사는 휴가 정책을 인턴들에게 적용하기로 결정했다.

cf. 빈칸 앞에 the가 있으면 해석해서 선택
You can purchase **the product** on our Web site. 당신은 그 제품을 우리 웹사이트에서 구매할 수 있습니다.
        producer (X)

2 사람 명사 — 사물/추상 명사 ☆ 무조건 암기!

an applicant/applicants 지원자 — application 지원	a founder/founders 설립자 — foundation 토대
an analyst/analysts 분석가 — analysis 분석	an investor/investors 투자자 — investment 투자
an assistant/assistants 조수 — assistance 도움	a commuter/commuters 통근자 — commuting 통근
a resident/residents 거주자 — residence 주택, 거주	a critic/critics 비평가 — criticism 비평, 비난
an operator/operators 운영자 — operation 운영	a user/users 사용자 — use/usage 사용

a contributor/contributors 공헌자 — contribution 공헌
a supervisor/supervisors 상사, 감독관 — supervision 관리, 지도, 감독
a negotiator/negotiators 협상가 — negotiation 협상, 교섭
an architect/architects 건축가 — architecture 건축
a representative/representatives 직원, 대표자 — representation 대표
a distributor/distributors 유통업체, 유통업자 — distribution 배급, 유통
a journalist/journalists 기자 — a journal/journals 잡지 — journalism 언론
an employer/employers 고용주 — an employee/employees 직원 — employment 고용
an attendant/attendants 종업원 — an attendee/attendees 참석자 — attendance 참석, 참석자 수

기출 기반 문제

[------- / of Huntington Heights] are requested / to follow / detour signs / to get onto Oliver Expressway.
→ 주어 자리
동사(복수)

(A) Reside 동
(B) Residents 명 → 복수 동사 → 복수 명사 선택
(C) Residing 동명사
(D) Residence 명

follow 따라가다, 따르다
detour 우회; 우회하다
get onto ~에 타다
expressway 고속도로
reside 거주하다

출제 포인트 7 복합 명사 (명사1 + 명사2)
✓ 주로 명사 1 부분이 빈칸으로 출제된다.

1 명사1 부분이 주로 빈칸으로 출제 ☆ 형용사/분사 자리인지 명사 자리인지 구별해야 함!
All factory workers should follow the **safety** regulations. 모든 공장 직원들은 안전 규정을 따라야 한다.
safe (X)   명사 2

2 복합 명사의 복수형: 명사 2에 -(e)s 붙임
job opportunity → job opportunit<u>ies</u>   research facility → research facilit<u>ies</u>

3 복합 명사에서 명사1은 주로 단수이지만 복수 형태가 오는 단어도 있음
custom<u>s</u> office 세관   earning<u>s</u> growth 수익 증가   saving<u>s</u> account/plan 예금 계좌/상품
award<u>s</u> ceremony 시상식   electronic<u>s</u> company 전자 회사   sale<u>s</u> representative 영업 사원

4 **빈출 복합 명사** ☆ 무조건 암기!

application form 신청서	reference letter 추천서	job opportunity 직무 기회
customer satisfaction 고객 만족	safety regulations 안전 규정	job vacancy 공석
expansion project 확장 계획	building permit 건축 허가	attendance records 출석률
travel arrangement 출장(여행) 준비	payment option 지불 옵션	meal preference 식사 선호도
performance evaluation 업무 성과 평가	expiration date 만기일	clearance sale 정리 세일
safety inspection 안전 점검	construction site 건축 부지	sales figures 매출액
maintenance work 유지보수 작업	office supplies 사무용품	employee performance 직원 실적

기출 기반 문제

Santos Toys / holds / ------- sales / every season / to make room / for new arrivals.
명사

(A) clear 형/동
(B) clearing 동명사
(C) cleared 동
(D) clearance 명

clear sales라는 말은 없으므로 복합명사 구성하는 clearance가 정답!

hold 열다, 개최하다
make room for ~을 위한 공간을 만들다
new arrival 신제품
clear 명백한; 치우다

Review Note

빈칸에 알맞은 내용을 직접 적어보며 복습하세요. (정답 p. 124)

출제포인트 1 명사의 역할

① 주어 역할 - 뒤에 동사가 바로 오거나 [ ]가 주어-동사 사이에 위치함
② 목적어 역할 ┌ [ ]의 목적어
             └ [ ]의 목적어
③ 보어 역할 - 주격 보어(주어=보어), 목적격 보어(목적어=보어)

출제포인트 2 명사가 들어가는 위치

① 관사([ ]/[ ]/[ ]) 뒤 '관사 + ------- + 전치사'의 형태로 주로 출제
② [ ] 뒤 - my, your, his, her, its, our, their / 일반 명사 또는 고유 명사 + 's
③ 형용사 뒤 '(관사/소유격) + 형용사 + -------'의 형태로 주로 출제

출제포인트 3 명사의 형태

① 명사 어미

어미	예시	어미	예시
-tion/-sion	satisfaction 만족	-ance/-ence	assurance 확신
-ment	agreement 동의, 합의	-cy/-ty	occupancy 점유, 사용
-ness	decisiveness 단호함	-al	approval [ ]
-er	employer [ ]	-sure/-dure	procedure [ ]
-ist	journalist 기자	-cian	politician 정치인

② 예외적인 어미를 가진 명사

-tive: 형용사/명사   representative 대표적인/대표자, 직원   alternative [ ]/[ ]   objective 객관적인/목적
-al: 형용사/명사   potential [ ]/[ ]   normal 보통의/보통   original 원본의/원본

③ 동사=명사 형태가 동일한 어휘

| visit 방문하다/방문 | request 요청하다/요청 | [ ] 기능하다/기능 | [ ] 지지하다/지원 |
| record [ ]/[ ] | delay 지연되다/지연 | charge 청구하다/청구금 | offer [ ]/제의, 제안 |

출제포인트 4 가산 명사 vs. 불가산 명사

	가산 명사	불가산 명사
쓰이는 형태	- a/an/the/소유격 + 가산 명사 - 가산 명사 + [ ]	- the/소유격 + 불가산 명사 (a/an과 쓸 수 X) - [ ] 형태로 쓸 수 X - 명사 단독 사용 가능
빈출 명사	- 돈/금액 관련 명사 a refund / refunds 환불 the price / prices 가격 a discount / discounts 할인 the rate / rates 요금 a benefit / benefits 혜택, 수당 the [ ] / [ ] 이익, 수익 - 규정/규칙 관련 명사 a [ ] / [ ] 규제 a procedure / procedures 절차 a standard / standards 기준 a rule / rules 규칙 an instruction / instructions 지시사항	[ ] 조언 [ ] 접근, 이용 information 정보 notice 통지 equipment 장비 consent 동의 luggage/baggage 짐 news 뉴스, 소식 merchandise 상품, 물품 compliance 준수 clothing 의류

- 사람을 나타내는 모든 명사
an employee / employees 직원 a consultant / consultants 자문가
a representative / representatives 직원

출제 포인트 5 의미나 형태가 비슷한 가산/불가산 명사의 구분

가산 명사	-	불가산 명사	가산 명사	-	불가산 명사
product/item/goods 물건, 상품	-	[　　　] 상품	approach 접근(법)	-	access 접근, 이용
[　　　] 허가증	-	permission 허가, 허락	survey 조사	-	[　　　] 연구
certificate 수료증, 증명서	-	certification 증명	machine 기계	-	machinery 기계류
fund 자금	-	funding 자금, 재정 지원	[　　　] 계좌, 계정	-	accounting 회계

출제 포인트 6 사람 명사 vs. 사물/추상 명사

① 사람 명사는 앞에 [　　　]가 있거나 [　　　]으로 써야 함
② 사람 명사 – 사물/추상 명사

an applicant / applicants 지원자 — [　　　] 지원
an employer / employers 고용주 — an employee / employees 직원 — employment 고용
an analyst / analysts 분석가 — [　　　] 분석
an assistant / assistants 조수 — assistance 도움
a contributor / contributors 공헌자 — contribution 공헌
a [　　　] / [　　　] 상사, 감독관 — supervision 관리, 지도, 감독
a journalist / journalists 기자 — a journal / journals 잡지 — journalism 언론
a founder / founders 설립자 — foundation 토대
a [　　　] / [　　　] 유통업체, 유통업자 — distribution 배급, 유통
an attendant / attendants 종업원 — an attendee / attendees 참석자 — [　　　] 참석, 참석자 수
a representative / representatives 직원, 대표자 — representation 대표
an investor / investors 투자자 — investment 투자
a commuter / commuters 통근자 — commuting 통근
a user / users 사용자 — use / [　　　] 사용
a resident / residents 거주자 — residence 주택, 거주
a negotiator / negotiators 협상가 — negotiation 협상, 교섭

출제 포인트 7 복합 명사 (명사1 + 명사2)

① 명사 1 부분이 주로 빈칸으로 출제 ☆ 형용사/분사 자리인지 명사 자리인지 구별해야 함!
② 복합 명사의 복수형: 명사 2에 -(e)s 붙임
③ 복합 명사에서 명사 1은 주로 단수이지만 복수 형태가 오는 단어도 있음

customs office 세관   earnings growth 수익 증가   [　　　] account/plan 예금 계좌/상품   [　　　] representative 영업 사원

④ 빈출 복합 명사

application [　　　] 신청서   reference letter 추천서   job opportunity 직무 기회
customer satisfaction 고객 만족   safety regulations 안전 규정   job [　　　] 공석
expansion project 확장 계획   building permit 건축 허가   attendance records 출석률
travel arrangement 출장(여행) 준비 [　　　] option 지불 옵션   meal [　　　] 식사 선호도
[　　　] evaluation 업무 성과 평가   expiration date 만기일   [　　　] sale 정리 세일
safety inspection 안전 점검   construction site 건축 부지   sales figures 매출액
[　　　] work 유지보수 작업   office supplies 사무용품   employee performance 직원 실적

Unit 02 대명사

출제 포인트
1. 인칭대명사의 종류
2. 인칭대명사의 위치
3. 재귀대명사
4. 지시대명사
5. 부정대명사
6. 전체 중 일부를 나타내는 대명사

출제 포인트 1 — 인칭대명사의 종류
✓ 명사와 수/성/격이 일치해야 한다.
✓ 최근 소유대명사가 자주 출제된다.

인칭대명사: 대신하는 명사와 수/성/격을 일치시켜야 한다.

소유격 + 명사
☆ 최근 자주 출제!

인칭	수/성		주격 (은,이,가)	소유격 (~의)	목적격 (~을)	소유대명사 (~의 것)
1인칭	단수		I	my	me	mine
	복수		we	our	us	ours
2인칭	단수/복수		you	your	you	yours
3인칭	단수	남성	he	his	him	his
		여성	she	her	her	hers
		사물	it	its	it	-
	복수		they	their	them	theirs

소유격/목적격의 형태가 같음   소유격/소유대명사의 형태가 같음

기출기반문제

Mr. Friedman / announced [that / -------- / will be retiring / at the end of the year].
→ that절의 주어 자리

(A) she   (B) we
(C) he ○   (D) they
   → Mr. Friedman을 대신하는 주격 대명사

announce 알리다
retire 은퇴하다

출제 포인트 2 — 인칭대명사의 위치

✓ 주어, 목적어, 명사 앞에 온다.
✓ 소유대명사는 보어 자리에도 올 수 있다.

1 주격 인칭대명사: 주어 자리

According to the CEO, **she** has a plan to expand into the European Market.
　　　　　　　　　　　　　주어　동사

대표이사에 따르면, 그녀는 유럽 시장으로 진출할 계획이 있다.

2 소유격 인칭대명사: 명사 앞

We train **our** employees every six months. 우리는 매 6개월마다 직원들을 교육시킨다.
　　　　소유격　명사

- '소유격 + 형용사 + 명사', '소유격 + own + 명사'의 구조도 가능

We train **our** current employees every six months. 우리는 매 6개월마다 현재 직원들을 교육시킨다.
　　　　소유격　형용사　　명사

We train **our** own employees every six months. 우리는 매 6개월마다 우리의 직원들을 교육시킨다.
　　　　소유격　own　명사

3 목적격 인칭대명사
- 타동사의 목적어 자리
- 전치사의 목적어 자리

I received most team members' vacation requests and sent **them** to the HR department.
　　　　　　　　　　　　　　　　　　　　　　　　　　타동사　목적격

나는 팀 구성원들 대부분의 휴가 신청서를 받아서 인사부에 보냈다.

He recommended 20 minutes of exercise for **me**.
　　　　　　　　　　　　　　　　　전치사　목적격

그는 나를 위해 20분의 운동을 권장했다.

4 소유대명사(소유격 + 명사): 주어, 목적어, 보어 자리

Your order just arrived, yet **mine** has not been delivered yet.
　　　　　　　　　　　　　주어(mine = my order)

당신이 주문한 물건은 방금 도착했지만 나의 것은 아직 배송되지 않았다.

The contract has ended, but we'll extend **yours**.
　　　　　　　　　　　　　　　　목적어(yours = your contract)

계약은 끝났지만 우리는 당신의 계약을 연장할 것이다.

> **목적격 vs. 소유대명사**
> 보기에 소유대명사와 목적격 인칭대명사가 같이 주어지면 해석해서 정답 선택!

기출기반문제

명사 앞 → 소유격

Gomez Landscaping Company / is proud [that / ------- gardening work / was featured / in Pro Garden Magazine].

(A) we (B) us
(C) our (D) ourselves

landscaping 조경
be proud 자랑스럽다
gardening 정원을 가꾸는 것
feature 특집으로 다루다
* be featured in
  + a movie/a film/the article
  영화/기사에서 다루어지다

출제 포인트 3 — 재귀대명사

✓ 재귀대명사는 주격, 소유격 자리에 들어갈 수 없다.
✓ 강조 용법이 더 자주 출제된다.

재귀대명사

인칭	수/성		재귀대명사
1인칭	단수		myself
	복수		ourselves
2인칭	단수		yourself
	복수		yourselves
3인칭	단수	남성	himself
		여성	herself
		사물	itself
	복수		themselves

① **재귀 용법**: 주어=목적어일 때 목적어 자리에 재귀대명사를 씀

Mr. Brown introduced **himself** to the audience.
(himself=Mr. Brown)
브라운 씨는 그 자신을 청중에게 소개했다.

☆ 동사 뒤에 빈칸이 있고 보기에 재귀대명사가 있으면 주어=목적어인지 확인하기!

① 재귀 용법으로 쓰인 재귀대명사는 생략 불가

② 재귀대명사 숙어 표현

devote oneself to ~에 헌신하다	familiarize oneself to ~에 익숙하게 하다
commit oneself to ~에 전념하다	help oneself to ~을 마음껏 먹다
dedicate oneself to ~에 몰두하다, 헌신하다	distinguish oneself 두각을 나타내다

② **강조 용법**: 주어나 목적어가 한 행위를 강조할 때 강조하는 명사 바로 뒤 또는 문장 맨 뒤에 재귀대명사를 씀
'스스로', '직접'의 의미

Mr. Walton **himself** fixed the broken faucet. 월튼 씨는 직접 망가진 수도꼭지를 수리했다.
　　　　　주어

Managers resolved any customer problem **themselves**. 매니저들은 어떤 고객 문제라도 그들 스스로 해결했다.
　　　　　　완전한 문장　　　　　　　　주어인 managers를 강조

- 강조 용법으로 쓰인 재귀대명사는 없어도 완전한 문장 성립

③ 재귀대명사 관용 표현　　　　by myself = on my own

by oneself 혼자서, 스스로 (alone, **on one's own**)	of itself 저절로
in itself 자체로, 본질적으로	for oneself 혼자 힘으로

☆ 문장 맨 끝에 빈칸이 있고 빈칸 바로 앞에 by나 for가 있으면 무조건 재귀대명사가 정답!

기출기반문제

Ms. Watts, [CEO of Watts Inc.],
interviewed / all job applicants /
-------- [before / they / were hired].
　→ 빈칸 없이도 완전한 문장 성립 → 재귀대명사

(A) she　　　(B) her
(C) hers　　 (D) herself ✓

job applicant 구직자
hire 채용하다

출제 포인트 4 — 지시대명사

✓ that vs. those → 명사와의 수 일치 문제로 출제된다.
✓ those와 anyone의 쓰임을 구분해야 한다. (those who + 복수 동사 vs. anyone who + 단수 동사)

① **that/those + of**

① 주로 비교 구문에서 앞에 나온 명사를 대신할 때 that/those 사용
② 앞에 나온 명사가 단수이면 that, 복수이면 those
③ that/those 뒤에 수식어구가 따라 나옴

Our bid for the contract is much lower than **that** of our competitors.
　　　　　　　　　　　　　　　　　　　앞의 bid를 대신함
그 계약에 대한 우리의 입찰 가격은 경쟁업체들의 그것(입찰 가격)보다 훨씬 더 낮다.

His communication skills are beyond **those** of others.
　　　　　　　　　　　　　　앞의 communication skills를 대신함
그의 의사소통 능력은 다른 사람들의 것(의사소통 능력)을 능가한다.

2 those + who / p.p. / -ing / 전치사구: ~하는 사람들
those who + 복수 동사   ☆ anyone who + 단수 동사와 구분하여 알아두기!

Those at Evergreen Apartment are required to dispose of home appliances properly.
Those living at Evergreen Apartment are required to dispose of home appliances properly.
Those who live at Evergreen Apartment are required to dispose of home appliances properly.
에버그린 아파트에 사는 사람들은 가전제품을 제대로 폐기해야 한다.   없애다, 처리하다

3 this/these
① PART 5에서는 주로 지시형용사로 출제됨
② this + 단수 명사
   these + 복수 명사
③ PART 6에서는 지시대명사 this, these로 단독으로 쓰이는 경우가 출제됨

[기출기반문제]
Extra paid vacation days / will be awarded / to ------- [who / volunteer / to work / this weekend].

(A) any   (B) those
(C) this   (D) that

paid vacation day 유급 휴가일
be awarded 주어지다
volunteer 자원하다

출제 포인트 5 부정대명사
✓ 부정대명사는 각각의 품사와 뜻을 반드시 알아두어야 한다.
→ 빈칸 뒤를 보고 품사를 골라낼 수 있어야 함

1 부정대명사의 종류

부정대명사	품사	수	뜻
one	형용사, 대명사	단수	(정해지지 않은) 하나, 하나의
another	형용사, 대명사	단수	(앞서 언급한 것을 제외한 정해지지 않은) 또 다른, 또 다른 하나
the other	형용사, 대명사	단수	나머지의, 나머지 하나
others	대명사	복수	(정해지지 않은) 다른 것들
the others	대명사	복수	(정해진) 나머지 것(사람)들 전부 다
other	형용사	-	다른
each other	대명사	-	(둘 사이에) 서로
one another	대명사	-	(셋 이상에서) 서로

[암기팁!] -s 붙는 건 대명사!

→ 주어 자리에 올 수 없음

출제 포인트 6 — 전체 중 일부를 나타내는 대명사

✓ '대명사 + of + the/소유격/지시형용사 + 명사'의 형태로 쓰인다.
✓ 단수 취급/복수 취급/단·복수 모두 가능한 대명사를 구분해서 알아두어야 한다.

1 단수 취급하는 대명사

one of the + 복수 명사	~중 하나
each of the + 복수 명사	~중 각각
either of the + 복수 명사	~중 (아무거나) 하나
neither of the + 복수 명사	~중 어느 것도 아니다
much of the + 불가산 명사	~중 많은 부분
little of the + 불가산 명사	~중 거의 없음

→ + 단수 동사

One of the food vendors was open during the lunch time. 음식 노점상들 중 한 곳이 점심시간 동안 문을 열었다.
　　　　　복수 명사　　단수 동사

Neither of the candidates was qualified for the manager position.
　　　　　　복수 명사　　단수 동사
지원자들 중 아무도 매니저 직책에 자격을 갖추지 못했다.

2 복수 취급하는 대명사

several of the + 복수 명사	~중 여러의
both of the + 복수 명사	~중 둘 다
many of the + 복수 명사	~중 다수
few of the + 복수 명사	~중 거의 없음
a few of the + 복수 명사	~중 약간
fewer of the + 복수 명사	~중 더 적음

→ + 복수 동사

Several of the employees are willing to transfer to the overseas branch.
　　　　　　복수 명사　복수 동사
직원들 중 여러 명이 해외 지사로 전근 갈 의향이 있다.

3 단·복수 둘 다 가능 → of the 뒤의 명사에 수 일치 시켜야 하는 대명사

all of the + 명사	~의 전부	
most of the + 명사	~의 대부분	
some of the + 명사	~중 일부	복수 명사 + 복수 동사
any of the + 명사	~중 어떤 것/아무 것	불가산 명사 + 단수 동사
half of the + 명사	~중 절반	
the rest of the + 명사	~중 나머지	

Half of the volunteers were college students from within Derby County.
　　　　　　복수 명사　　복수 동사

자원봉사자들 중 절반이 더비 주에 있는 대학생들이었다.

All of the information about the membership is posted on our Web site.
　　　　　불가산 명사　　　　　　　　　　단수 동사

멤버십에 대한 모든 정보는 저희 웹사이트에 게시되어 있습니다.

기출기반문제

------- / of the electric cars / on the market / (are) not capable / of travelling long distances.
　　　　　　　　　　　복수 동사

(A) Much　　(B) Several ✓
(C) Each　　(D) Little

→ 나머지 보기 모두 단수 취급

electric car 전기차
capable of ~할 수 있는
long distance 장거리

Review Note

> 빈칸에 알맞은 내용을 직접 적어보며 복습하세요. (정답 p. 126)

출제포인트 1 인칭대명사의 종류

인칭	수/성		주격 (은,이,가)	소유격 (~의)	목적격 (~을)	소유대명사 (~의 것)
1인칭	단수		I	☐	me	mine
	복수		we	☐	us	ours
2인칭	단수/복수		you	☐	you	yours
3인칭	단수	남성	he	☐	☐	his
		여성	she	☐	☐	hers
		사물	it	☐	it	-
	복수		they	☐	them	theirs

출제포인트 2 인칭대명사의 위치

① 주격: ☐ 자리
② 소유격: ☐ 앞 - '소유격 + ☐ + 명사', '소유격 + own + 명사'의 구조도 가능
③ 목적격: ☐ 의 목적어 또는 ☐ 의 목적어 자리
④ 소유대명사(☐ + 명사): 주어, 목적어, 보어 자리

출제포인트 3 재귀대명사

인칭	수/성		재귀대명사
1인칭	단수		☐
	복수		☐
2인칭	단수		☐
	복수		yourselves
3인칭	단수	남성	☐
		여성	☐
		사물	itself
	복수		themselves

① 재귀 용법: 주어=☐ 일 때 목적어 자리에 재귀대명사를 씀 - 재귀 용법으로 쓰인 재귀대명사는 생략 불가
- 재귀대명사 숙어 표현

☐ oneself to ~에 헌신하다   familiarize oneself to ~에 익숙하게 하다
commit oneself to ~에 전념하다   ☐ oneself to ~을 마음껏 먹다
dedicate oneself to ~에 몰두하다, 헌신하다   distinguish oneself 두각을 나타내다

* 동사 뒤에 빈칸이 있고 보기에 재귀대명사가 있으면 주어=목적어인지 확인하기!

② 강조 용법: 주어나 목적어가 한 행위를 강조할 때 강조하는 ☐ 바로 뒤 또는 문장 맨 뒤에 씀 ('스스로, 직접'의 의미)
- 강조 용법으로 쓰인 재귀대명사는 없어도 완전한 문장 성립

③ 재귀대명사 관용 표현

☐ 혼자서, 스스로 (alone, on one's own)   of itself 저절로   in itself 자체로, 본질적으로   for oneself 혼자 힘으로

출제포인트 4　지시대명사

① that/those + of
- 주로 비교 구문에서 앞에 나온 [　　　]를 대신할 때 that/those 사용
- 앞에 나온 명사가 단수이면 [　　　], 복수이면 [　　　]
- that/those 뒤에 수식어구가 따라 나옴

② those + who / p.p. / -ing / 전치사구: ~한 사람들
　　those who + [　　　] 동사　　*anyone who + 단수 동사와 구분하여 알아두기!

③ this/these - PART 5에서는 주로 지시형용사로 출제됨 (this + 단수 명사, these + 복수 명사)

출제포인트 5　부정대명사

1 부정대명사의 종류

부정대명사	품사	수	뜻
[　　　]	형용사, 대명사	단수	(정해지지 않은) 하나, 하나의
[　　　]	형용사, 대명사	단수	(앞서 언급한 것을 제외한 정해지지 않은) 또 다른, 또 다른 하나
the other	형용사, 대명사	[　　　]	나머지의, 나머지 하나
others	[　　　]	복수	(정해지지 않은) 다른 것들
the others	대명사	복수	(정해진) 나머지 것(사람)들 전부 다
other	[　　　]	-	다른
[　　　]	대명사	-	(둘 사이에) 서로
one another	대명사	-	(셋 이상에서) 서로

2 부정대명사 구분

① it/that 앞에 언급된 바로 그것　vs.　[　　　] 앞에 언급된 것과 같은 종류의 다른 것
　　　대　　　　　　　　　　　　　　　대

② another vs. the other vs. the others
　　형/대　　　　형/대　　　　　대

③ any 부정문/의문문/조건문, 긍정문에도 쓰일 수 있음(어떤 ~라도) vs. some 주로 긍정문
　　형/대　　　　　　　　　　　　　　　　　　　　　　　　　　　　　　형/대

④ no vs. not vs. none　none of the 복수 명사 + 복수[단수] 동사 / none of 소유격 대명사 + 복수 명사 + 복수[단수] 동사
　　형　　부　　대

출제포인트 6　전체 중 일부를 나타내는 대명사

① 단수 취급하는 대명사
one / each / either + of the + 복수 명사 + 단수 동사
much / little + of the + 불가산 명사 + 단수 동사

② 복수 취급하는 대명사
several / both / many / few / a few / fewer + of the + 복수 명사 + 복수 동사

③ 단·복수 둘 다 가능 → of the 뒤의 명사에 수 일치 시켜야 하는 대명사
all / most / some / any / half / the rest + of the + 복수 명사 + 복수 동사
　　　　　　　　　　　　　　　　　　　　　　+ 불가산 명사 + 단수 동사

Unit 03 형용사

토익 1회당 출제문항수 0~1 1~2 2~3 3~4 4~5

출제 포인트
1. 형용사의 역할
2. 형용사의 형태
3. 파생어 형용사 구별
4. 형용사 짝꿍 표현
5. 형용사 숙어(be+형용사+전치사)
6. 수량 형용사

출제 포인트 1   형용사의 역할
✓ 형용사는 명사 앞에서 명사를 수식한다.
✓ 형용사는 주격 보어, 목적격 보어의 역할을 한다.

1 명사 수식   ☆빈출☆ 매회 1~2문제씩 꾸준히 출제!

- 주로 명사 앞에서 수식   cf. 형용사 뒤 표현이 길어지면 명사 뒤에서 수식 the person <u>responsible</u> for cleaning ~

① 관사 + 형용사 + 명사

a **successful** entrepreneur 성공한 기업가   the **innovative** technology 그 혁신적인 기술

② 관사 + 부사 + 형용사 + 명사

a highly **competitive** market 매우 경쟁이 심한 시장

③ 소유격 + 형용사 + 명사

Mr. Ben's **immediate** supervisor 벤 씨의 직속 상사

their **creative** idea 그들의 창의적인 아이디어

④ 한정사 + 형용사 + 명사   ← this/that/these/those/some/any/every 등

any **important** data 그 어떤 중요한 자료라도   those **defective** items 그 결함이 있는 물품들

2 보어 역할

① 주격 보어: 주어를 보충 설명

<u>The weather</u> / in Florida / <u>is</u> **wonderful**. 플로리다의 날씨는 훌륭하다.
　주어　　　　　　　　동사　보어(weather가 wonderful함)

주격 보어를 갖는 동사 <2형식 동사>

be동사 ~이다	remain ~한 상태로 남다	stay ~한 상태로 남다
become ~이 되다	grow ~이 되다	get ~이 되다
seem ~한 상태로 보이다	look ~한 상태로 보이다	appear ~한 상태로 보이다
prove ~한 상태임이 드러나다, 증명되다		

② 목적격 보어: 목적어 뒤에서 목적어를 보충 설명

Engineers / found / the new system / efficient. 엔지니어들은 새 시스템이 효율적이라고 생각했다.
　주어　　동사　　　목적어　　　　목적격 보어(the new system이 efficient함)

목적격 보어를 갖는 동사 <5형식 동사>

　　　　　　　　　　　　　　　　　　　　　　→ 찾다 X (3형식일 때 의미)
make ~을 -한 상태로 만들다　　　**keep** ~을 -한 상태로 유지시키다　　**find** ~을 -한 상태라고 생각하다
consider ~을 -한 상태로 간주하다　leave ~을 -한 상태로 남겨 놓다　　deem ~을 -하다고 여기다, 간주하다
　└→ 고려하다 X (3형식일 때 의미)

[기출 기반 문제]

The HR department / will contact /
형용사 자리 → the ------- candidates / to arrange a
　　　　　　　관사　　　　　명사
job interview.

(A) success 명　　(B) succeed 동
(C) successful 형　(D) successfully 부
　　형용사 어미

job interview 면접
candidate 후보자, 지원자
arrange 일정을 잡다
succeed 성공하다
successful candidate 합격자
　　　　　　　　　성공한 후보자 X

출제 포인트 2 — 형용사의 형태
✓ 일반 형용사와 분사 형태의 형용사가 보기에 모두 주어지면 해석하여 푸는 문제이다.
✓ -ly로 끝나는 형용사를 부사로 혼동하지 않도록 암기하자.

1 일반 형용사: -tive/-sive/-able/-ible/-ful/-ic/-ous/-al로 끝나는 단어

attractive 매력적인	aggressive 공격적인	possible 가능한	dramatic 극적인
grateful 고마워하는	beneficial 이로운	exotic 이국적인	temporary 일시적인
chemical 화학의	fabulous 멋진	various 다양한	eligible ~할 자격이 있는
exotic 이국적인	exceptional 우수한, 특출한	affordable (가격이) 알맞은	competitive 경쟁력 있는

[예외]

형용사 어미를 갖지만 명사로도 쓰이는 어휘

representative 대표하는/대표, 직원
initial 처음의/첫 글자
potential 잠재적인/잠재력

potential customers 잠재 고객
　　형
has great potential 대단한 잠재력을 가지고 있다
　　　　　　명

2. 형용사로 굳어진 분사 형태의 형용사: -ing(~하는), p.p.(~된)로 끝나는 형용사
   (현재분사) (과거분사)

-ing	growing 증가하는	leading 선도하는	promising 유망한	missing 분실된
	remaining 남아 있는	rewarding 보람 있는	inviting 매력적인	alarming 걱정스러운
-p.p.	impressed 감명받은	qualified 자격을 갖춘	experienced 경험 많은	detailed 자세한
	damaged 손상된	proposed 제안된	limited 제한된	revised 수정된
	informed 잘 아는	completed 완료된	attached 첨부된	

a leading company 선두 기업   damaged luggage 파손된 짐   qualified candidates 자격을 갖춘 지원자들

3. '-ly'로 끝나는 형용사 ☆ 부사로 혼동하지 않기! ─ 형용사 + -ly: 부사
                                          └ 명사 + -ly: 형용사

| likely ~할 것 같은 | friendly 친절한 | costly 값비싼 |
| orderly 질서정연한 | timely 시기적절한 | leisurely 한가한 |

in a timely manner 시기적절하게
be likely to V ~할 것 같다
in an orderly fashion 질서정연하게

→ 전치사, 형용사, 명사 부분 모두 빈칸으로 출제될 수 있으므로 구문 통째로 암기!

cf. 기간을 나타내는 명사 + -ly: 형용사/부사로 모두 사용됨

| daily 매일의, 매일 | weekly 주간의, 매주 | monthly 한 달의, 매달 |
| quarterly 분기의, 매 분기 | yearly 한 해의, 매해 | |

daily work 일일 업무   weekly meeting 주간 회의   monthly rent 월 임대료
quarterly sales report 분기 판매 보고서   yearly event 연례 행사

기출기반문제

Greek Tours / will send / ⓐ ------- (형용사 자리)
newsletter / to its members.   (관사 / 명사)

(A) week 명   (B) weekly 형/부
(C) weeklong 형/부 (D) weeks 명

send A to B A를 B로 보내다
newsletter 소식지

→ 남은 두 보기의 품사가 같을 땐 의미로 판단하기!
  ┌ weekly 주간의
  └ weeklong 한 주 동안

출제 포인트 3 — 파생어 형용사 구별

✓ 형태는 비슷하지만 의미는 완전히 다른 두 형용사가 보기에 함께 주어진다.

☆ 파생어 형용사: 하나의 어휘에서 파생되어 형태가 비슷하지만 의미는 다른 형용사 **암기 필수!**

successful 성공적인 successive 연속적인	respectable 존경할만한 respective 각각의, 각자의	informative 유용한 informed 많이 아는, 소식통의
dependent 의존적인 (+on) dependable 믿을 만한	confident 확신하는 confidential 기밀의	extensive 광범위한 extended 연장된
reliable 믿을 수 있는 reliant 의지하는 (+on)	considerate 사려 깊은 considerable 상당한	various 다양한 variable 변동이 심한
comprehensive 종합적인 comprehensible 이해할 수 있는	last 지난, 마지막의 lasting 지속하는	understanding 이해심 있는 understandable 이해할 만한
impressive 인상적인 impressed 감명받은	complete 완전한 completed 완료된	favorite 가장 좋아하는 favorable 우호적인

dependent vs. dependable / reliable vs. reliant 구별 팁!
뒤에 전치사 on이 있는지 없는지 확인하면 된다!

successsful business person – fourth **successive** victory
성공적인 사업가 　　　　　네 번째 연속 우승

favorite dish – **favorable** review
좋아하는 음식 　　우호적인 평

various suppliers – **variable** weather
다양한 공급업체 　　변하기 쉬운 날씨

considerable growth – **considerate** person
상당한 성장 　　　　　사려 깊은 사람

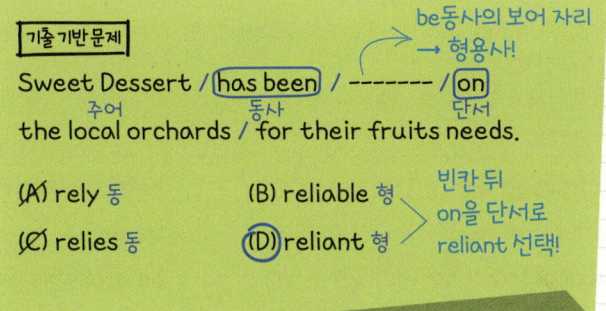

[기출기반문제]
Sweet Dessert / has been / ------- / on
 　주어　　　　　동사　　　　　　단서
the local orchards / for their fruits needs.

(A) rely 동　　　(B) reliable 형
(C) relies 동　　(D) reliant 형

be동사의 보어 자리 → 형용사!
빈칸 뒤 on을 단서로 reliant 선택!

orchard 과수원
rely 의지하다, 의존하다

출제 포인트 4 형용사 짝꿍 표현
✓ 뒤의 명사를 수식하는 형용사 어휘나 품사 구분 문법 문제로 출제된다.

☆ 암기 필수! ☆ 명사 앞이 빈칸이고 보기에 명사, 분사 형용사 등이 함께 주어질 때 1초만에 정답 선택 가능!

confidential information[document] 기밀 정보[문서]	alphabetical order 알파벳 순서
commercial[residential] property 상업용[주거용] 건물	constructive feedback 건설적인 의견
convincing argument 설득력 있는 주장	collective effort 공동의 노력
reliable product[service] 믿을만한 제품[서비스]	protective equipment 보호 장비
sensible solution 합리적인 해결	steady sales 지속적인 판매
particular area 특정 지역	reasonable price[rate] 합리적인 가격[요금]
broad range 넓은 범위	generous amount 많은 양
defective product 결함이 있는 제품	significant increase 상당한 증가

기출기반문제
The city council members / were able to obtain / ------- (feedback) / at the public hearing.
　　　　　　　　　　　　　　　　명사

(A) construct 동　　(B) constructive 형
(C) construction 명　(D) constructed 형(분사형)
　　복합명사 없음　　　　 의미 어색

city council 시의회
obtain 얻다
public hearing 공청회

☆ 문제 풀이 팁
일반 형용사와 분사 형용사가 보기에 함께 있을 때
정답을 모르겠으면 일반 형용사를 선택하자!
일반 형용사의 정답 비중이 훨씬 ↑

출제 포인트 5 형용사 숙어(be + 형용사 + 전치사)
✓ 형용사와 전치사 부분 모두 빈칸으로 출제될 수 있다.

be relevant to ~와 관련 있다	be capable of ~을 할 수 있다	be responsible for ~을 책임지다
be equivalent to ~와 동일하다	be indicative of ~을 나타내다	be similar to ~와 비슷하다
be appreciative of ~에 감사하다	be accessible to ~을 이용할 수 있다	be available for ~을 위해 이용 가능하다
be compatible with ~과 호환되다	be vulnerable to ~에 취약하다	be comparable to ~에 견줄 만하다
be exempt from ~에서 면제받다	be optimistic about ~에 대해 낙관적이다	be aware of ~을 알아차리다
be eligible for ~할 자격이 있다	be dependent on ~에 의존하다	

eligible은 뒤에 to부정사가 오기도 함
He is **eligible to get** a free item.

optimistic과 aware는 뒤에 that절이 오기도 함
The manager is **aware that** the sales is decreasing.

출제포인트 6 | 수량 형용사
✓ 빈칸 뒤의 명사를 보고 적절한 수량 형용사를 고르는 문제로 출제된다.

① 수량 형용사 + 단수 명사

| each 각각의 | every 모든 | another 다른 | a single 하나의 | + 단수 명사 |

- '모든'의 의미: + 단수 명사
- '~마다'의 의미: + 단·복수 명사 모두 ok
  every two days 이틀마다

- '다른'의 의미: + 단수 명사
- '~만큼 더'의 의미: + 단·복수 명사 모두 ok
  another two days 이틀 더

② 수량 형용사 + 복수 명사

many 많은	a few 몇 개의	few 거의 없는	fewer 더 적은	several 여러 개의
numerous 많은	both 둘 다의	various 다양한	a variety of 다양한	+ 복수 명사
a number of 많은	the number of ~의 수	a series of 일련의

- a number of + 복수 명사 + 복수 동사
- the number of + 복수 명사 + 단수 동사

③ 수량 형용사 + 불가산 명사

| much 많은 | a little 적은 | little 거의 없는 | less 더 적은 | least 가장 적은 | + 불가산 명사 |
| a great deal of 많은 | a large amount of 많은 |

✓ 빈출 불가산 명사
access, information, research, permission, merchandise

④ 수량 형용사 + 가산 복수 명사/불가산 명사

| all 모든 | other 다른 | some 몇몇의 | more 더 많은 | most 대부분의 | + 가산 복수/불가산 명사 |
| a lot of / lots of / plenty of 많은 |

보기에 가산 복수/불가산 명사 모두 있을 경우 동사의 수를 확인하여 정답 선택!

기출 기반 문제

The event organizer / asked / ------- participant / to bring their own tools
단수 명사
and bottles of water.

(A) every + 단수   (B) many + 복수
(C) few + 복수   (D) both + 복수

ask A to V A에게 ~하라고 요청하다
tool 도구

보기가 모두 수량 형용사 → 빈칸 뒤 명사의 수만 확인해서 정답 선택!

Review Note

빈칸에 알맞은 내용을 직접 적어보며 복습하세요. (정답 p. 128)

출제포인트 1 형용사의 역할

① [ ] 수식: 주로 [ ] 앞에서 수식   cf. 형용사 뒤 표현이 길어지면 뒤에서 수식
- 관사 + 형용사 + 명사   - 관사 + 부사 + 형용사 + 명사   - 소유격 + 형용사 + 명사   - 한정사 + 형용사 + 명사

② [ ] 역할
- 주격 보어: 주어를 보충 설명
주격 보어를 갖는 동사 <2형식 동사>

| [ ] ~이다 | remain ~한 상태로 남다 | stay ~한 상태로 남다 | [ ] ~이 되다 | grow ~이 되다 | get ~이 되다 |
| seem ~한 상태로 보이다 | look ~한 상태로 보이다 | appear ~한 상태로 보이다 | [ ] ~한 상태임이 드러나다, 증명되다 |

- 목적격 보어: 목적어 뒤에서 목적어를 보충 설명
목적격 보어를 갖는 동사 <5형식 동사>

| [ ] ~을 -한 상태로 만들다 | [ ] ~을 -한 상태로 유지시키다 | [ ] ~을 -한 상태라고 생각하다 |
| consider ~을 -한 상태로 간주하다 | leave ~을 -한 상태로 남겨 놓다 | deem ~을 -하다고 여기다, 간주하다 |

출제포인트 2 형용사의 형태

① 일반 형용사: -tive/-sive/-able/-ible/-ful/-ic/-ous/-al로 끝나는 단어

② 형용사로 굳어진 분사 형태의 형용사: -ing(~하는), p.p.(~된)로 끝나는 형용사

-ing	growing 증가하는	[ ] 선도하는	promising 유망한	missing 분실된	[ ] 남아 있는
	rewarding 보람 있는	inviting 매력적인	alarming 걱정스러운		
-p.p.	[ ] 감명받은	[ ] 잘 아는	experienced 경험 많은	detailed 자세한	damaged 손상된
	proposed 제안된	limited 제한된	[ ] 수정된	qualified 자격을 갖춘	completed 완료된	attached 첨부된

③ '-ly'로 끝나는 형용사 ☆ 부사로 혼동하지 않기! 형용사 + -ly: [ ] / 명사 + ly: [ ]

[ ] ~할 것 같은   friendly 친절한   costly 값비싼   [ ] 시기적절한   orderly 질서정연한

* 기간을 나타내는 명사 + -ly: 형용사/부사로 모두 사용 (daily, weekly, monthly, quarterly, yearly)

출제포인트 3 파생어 형용사 구별

successful 성공적인	respectable 존경할만한	[ ] 유용한
[ ] 연속적인	respective 각각의, 각자의	informed 많이 아는, 소식통의
dependent 의존적인 (+on)	confident 확신하는	[ ] 광범위한
dependable 믿을 만한	[ ] 기밀의	extended 연장된
reliable 믿을 수 있는	considerate 사려 깊은	various 다양한
reliant 의지하는 (+on)	[ ] 상당한	variable 변동이 심한
[ ] 종합적인	[ ] 지난, 마지막의	understanding 이해심 있는
comprehensible 이해할 수 있는	lasting 지속하는	understandable 이해할 만한
[ ] 인상적인	[ ] 완전한	favorite 가장 좋아하는
impressed 감명받은	completed 완료된	favorable 우호적인

출제 포인트 4 형용사 짝꿍 표현

confidential information[document] 기밀 정보[문서]
[   ][residential] property 상업용[주거용] 건물
convincing argument 설득력 있는 주장
[   ] product[service] 믿을만한 제품[서비스]
sensible solution 합리적인 해결
particular area 특정 지역
broad range 넓은 범위
[   ] product 결함이 있는 제품

alphabetical order 알파벳 순서
constructive feedback 건설적인 의견
[   ] effort 공동의 노력
protective equipment 보호 장비
[   ] sales 지속적인 판매
[   ] price[rate] 합리적인 가격[요금]
generous amount 많은 양
significant increase 상당한 증가

출제 포인트 5 형용사 숙어

be relevant to ~와 관련 있다
be equivalent to ~와 동일하다
be appreciative of ~에 감사하다
be [   ] with ~과 호환되다
be exempt from ~에서 면제받다
be [   ] for ~할 자격이 있다

be [   ] of ~을 할 수 있다
be indicative of ~을 나타내다
be [   ] to ~을 이용할 수 있다
be vulnerable to ~에 취약하다
be optimistic about ~에 대해 낙관적인
be dependent on ~에 의존하다

be responsible for ~을 책임지다
be similar to ~와 비슷하다
be available for ~을 위해 이용 가능하다
be [   ] to ~에 견줄 만하다
be aware of ~을 알아차리다

출제 포인트 6 수량 형용사

①

each 각각의   every 모든   another 다른   a single 하나의   + [   ] 명사

↳ every 뒤에 복수 명사가 오는 경우는 형용사가 아닌 '~마다'라는 의미의 부사로 쓰인 것

②

many 많은   [   ] 몇 개의   few 거의 없는   fewer 더 적은   several 여러 개의
numerous 많은   both 둘 다의   various 다양한   [   ] 일련의   + [   ] 명사
a number of 많은   the number of ~의 수

┌ a number of + 복수 명사 + 복수 동사
└ the number of + 복수 명사 + 단수 동사

③

[   ] 많은   a little 적은   little 거의 없는   [   ] 더 적은   least 가장 적은   + [   ] 명사
a great deal of 많은   a large amount of 많은

④

all 모든   [   ] 다른   some 몇몇의   more 더 많은   [   ] 대부분의
a lot of/lots of/plenty of 많은

+ 가산 복수/불가산 명사

보기에 가산 복수/불가산 명사 모두 있을 경우 동사의 수를 확인하여 정답 선택!

Unit 04 부사

출제 포인트
1. 부사의 역할과 위치   2. 빈도부사   3. 부정 부사   4. 시간 부사
5. 숫자 표현과 함께 사용하는 부사   6. 빈출 부사 구분   7. 형태는 비슷하지만 의미가 다른 부사   8. 접속부사

출제 포인트 1

부사의 역할과 위치 ☆
- ✓ 부사가 없어도 완전한 문장 성립
- ✓ 부사는 동사, 형용사, 준동사(to부정사/동명사/분사)를 수식
- ✓ 자주 나오는 부사의 위치: ① 문장 맨 앞 ② 주어 ----- 동사 ③ be + ----- 형/ing/p.p. ④ have + ----- + p.p.
  ⑤ 조동사 + ----- + 동사원형 ⑥ to + ----- + 동사원형 ⑦ be + p.p. + ------

1 동사 수식

① 주어와 동사 사이

The spokesperson **formally** announced Mr. Richard's retirement.
　　주어　　　　　　　　　　　동사
대변인은 리차드 씨의 사임을 공식적으로 발표했다.

② 동사와 동사 사이

be동사 + 부사 + -ing	The number of customers is **continually** increasing. 고객의 수가 지속적으로 증가하고 있다.
be동사 + 부사 + -ed	The office is **fully** furnished. 그 사무실은 시설이 완비되어 있다.
have + 부사 + p.p.	I have **recently** moved to Sydney for work. 나는 최근에 일을 하기 위해 시드니로 이사했다.
조동사 + 부사 + 동사원형	I will **completely** finish my report by noon. 나는 정오까지 보고서를 완전히 끝낼 것이다.

③ 동사 뒤

| 자동사 + 부사 + (전치사) | The strategy worked **effectively**. 그 전략은 효과적으로 작용했다. |

　빈출 자동사 암기 필수! work, rise, fall, behave, function, vary, proceed, grow 등

빈출 '자동사 + 부사 + (전치사)' 표현

work closely with ~와 긴밀히 일하다	progress smoothly 순조롭게 진행되다
work remotely 재택 근무하다	act professionally 전문가답게 행동하다
work exclusively with ~하고만 일하다	rise significantly 상당히 상승하다
drop considerably 상당히 하락하다	behave responsibly 책임감 있게 행동하다

| 타동사 + 목적어 + 부사 | Before signing a contract, review the terms and conditions **carefully**. |
　　　　　　　　　　　　　　　　　　　　　　　　　타동사　　　　목적어
계약서에 서명하기 전에, 계약 조건을 신중히 검토하세요.

빈출 '타동사 + 목적어(A) + 부사' 표현

review A carefully A를 신중히 검토하다	examine A closely A를 면밀히 검사하다
submit A separately A를 따로 제출하다	follow A precisely A를 정확하게 따르다
run A efficiently A를 효율적으로 운영하다	resolve A quickly A를 신속히 해결하다

| be동사 + p.p. + 부사 | Our dress code will be changed **significantly**. 우리의 복장 규정은 상당히 변화될 것이다.

빈출 'be동사 + p.p. + 부사' 표현

be shared externally 외부와 공유되다	be owned independently 단독으로 소유되다
be shipped separately 따로 배송되다	be refunded directly 바로 환불되다

2 형용사 수식

① '형용사 + 명사'를 앞에서 수식 ＊'형용사 + 명사' 앞에 형용사도 올 수 있음. 문맥을 통해 형용사/부사 판단!

The new product has a **remarkably** stylish design. 신제품은 매우 멋진 디자인을 가지고 있다.

빈출 '부사 + 형용사' 표현

highly competitive 매우 경쟁력 있는	fully refundable 전액 환불 가능한
extremely popular 매우 인기 있는	surprisingly short 매우 짧은
remarkably high 상당히 높은	exceptionally positive 특히 긍정적인
fairly optimistic 상당히 낙관하는	markedly successful 두드러지게 성공적인
directly applicable 바로 적용할 수 있는	immediately available 즉시 이용 가능한

② 형용사 보어 수식

| be/become + 부사 + 형용사 | Your ticket is **fully** refundable within 24 hours of purchase.
귀하의 티켓은 구입 24시간 내에 전액 환불 가능합니다.

| make/find/keep/consider + 목적어 + 부사 + 형용사 | He found this Web site **highly** informative.
그는 이 웹사이트가 매우 유익하다는 것을 알았다.

3 to부정사 수식

① to + 부사 + 동사원형

The HR division decided to **randomly** assign interns. 인사부서는 인턴들을 무작위로 배정하기로 결정했다.

② to + 동사원형 + 목적어 + 부사

The HR division decided to assign interns **randomly**.

③ to + 동사원형 + 부사

We are planning to work **closely** with other departments. 우리는 다른 부서들과 긴밀히 작업할 계획이다.

4 동명사 수식

① 주로 동명사 뒤에서 수식

We are committed to working **cooperatively** with the government.
　　　　　　　　　　　　동명사

우리는 정부와 협력하여 일하는 것에 전념하고 있다.

② 동명사가 전치사의 목적어 역할을 할 경우 '전치사 + 부사 + 동명사' 가능

Thank you for **promptly** sending me the document. 문서를 신속히 보내주셔서 감사합니다.
　　　　　전치사　　　　　동명사

5 분사 수식　*주로 분사 앞에 빈칸이 주어지는 형태로 출제!

① 부사 + 분사 + 명사

We carry a wide variety of **reasonably** priced items. 우리는 합리적으로 가격이 매겨진 다양한 품목을 취급합니다.
　　　　　　　　　　　　　　　　　　　분사　명사

② 명사 + 분사 + 부사

We use organic vegetables grown **locally**. 우리는 지역에서 유기농으로 재배한 채소를 사용합니다.
　　　　　　　　　명사　　　분사

③ 부사 + 분사구문, 주어 + 동사 ~　*부사가 분사구문 뒤에 올 수도 있음

Strategically placed beside the cashiers, the display counters have items on sale.
　　　　　　　　　분사구문

전략적으로 계산대 옆에 배치된 진열대에는 할인 품목이 있다.

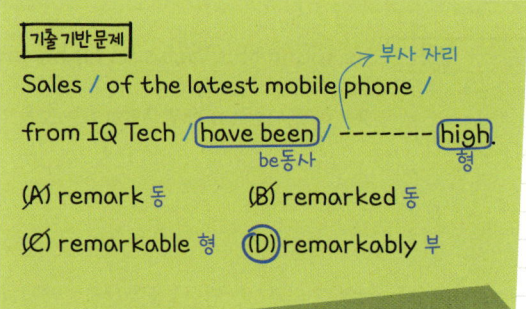

기출기반문제

Sales / of the latest mobile phone / → 부사 자리
from IQ Tech / have been / ------- high.
　　　　　　　　be동사　　　　　　　형

(A) remark 동　　(B) remarked 동
(C) remarkable 형　(D) remarkably 부

sales 매출
latest 최신의
remarkably 매우, 두드러지게

출제 포인트 2

빈도 부사 → 일/행위가 얼마나 자주 일어나는지 나타내는 부사
√ 빈도 부사는 현재 시제 동사와 자주 쓰인다.

1 빈도 부사의 종류

always 항상   usually = normally = typically 보통   often = frequently 자주   regularly 정기적으로
sometimes = occasionally 가끔   once 한 번   rarely = hardly = seldom = scarcely 거의 ~않다   never 전혀 ~않다

2 빈도 부사는 반복되는 일반적인 사실을 나타내므로 현재 시제 동사와 자주 쓰임

Houston Software **regularly** updates its products. 휴스턴 소프트웨어 사는 정기적으로 그들의 제품을 업데이트한다.

3 주로 일반동사의 앞 또는 조동사/be동사의 뒤에 위치

기출 기반 문제

This filter / is replaced / ------ / to keep / your vehicle / in good condition.
(현재 시제)

(A) strongly   (B) directly
(C) regularly   (D) extremely

→ 보기가 모두 부사이므로 어휘 문제!

replace 교체하다
* replace A with B A를 B로 교체하다
vehicle 차량
in good condition 좋은 상태로
directly 직접
extremely 극도로, 매우

출제 포인트 3

부정 부사 → 그 자체로 부정의 의미를 가진 부사
√ 부정 부사는 not, no 등 다른 부정어와 함께 쓸 수 없다.

1 부정 부사의 종류

hardly/rarely/scarcely/barely/seldom 거의 ~않다   never 전혀 ~않다

2 부정 부사는 not이나 no 등 다른 부정어와 함께 쓸 수 없음

3 부정 부사가 문장 맨 앞에 나와 강조하는 역할을 하면 뒤에 주어와 동사가 도치

Ms. Smith **rarely** goes to the gym on Mondays. 스미스 씨는 월요일에는 체육관에 거의 가지 않는다.
→ **Rarely** does Ms. Smith go to the gym on Mondays.

출제 포인트 4   시간 부사
✓ 동사의 시제와 어울리는 부사를 고르는 문제가 출제된다.

각 시제와 자주 출제되는 부사

시제	부사
현재 또는 현재진행 시제	currently 현재 now 지금 presently 지금 still 여전히
과거 시제	once 한때 formerly 이전에 previously 이전에 recently = lately 최근에 ago ~전에
현재완료 시제	already 이미 recently = lately 최근에 so far 지금까지
미래 시제	soon = shortly 곧

once → 빈도부사일 때: '한 번'의 뜻
recently/lately는 과거, 현재완료 시제와 모두 쓰임

Betterdeal.com will **soon** launch a new membership program for its customers.
               미래 시제   동사
Betterdeal.com은 곧 그들의 고객들을 위한 새로운 멤버십 프로그램을 출시할 것이다.

기출기반문제
Actor George White / **was** -------
                      과거 시제
considered / irresponsible, but / now /
oversees / a national charity program.

(A) shortly 미래   (B) currently 현재
(C) soon 미래   **(D) previously 과거**

irresponsible 무책임한, 신뢰할 수 없는
oversee 감독하다
charity 자선

출제 포인트 5   숫자 표현과 사용되는 부사
✓ 숫자 표현 앞에 쓸 수 있는 부사는 정해져 있다.

approximately = about = around = roughly 대략, 약	almost = nearly 거의	more than = over ~이상
at least 최소한	up to 최대한, ~까지	exactly 정확하게

You can save **up to** 40% with our membership card. 당신은 저희 멤버십 카드로 최대 40퍼센트 할인받을 수 있습니다.

☆ ------ 100 people
  ↓   형   명

approximate / **approximately**   형용사 수식이므로 부사가 정답!
    형   부

출제포인트 6 — 빈출 부사 구분

✓ 토익에 출제되는 대표 부사의 의미와 쓰임을 알아두어야 한다.

just	① 방금, 막 → 현재완료 시제와 쓰임 The company has **just** released its new TV commercial. 그 회사는 막 그들의 새로운 TV 광고를 공개했다. ② 오직, 단지 → 강조하는 전치사구/명사구 바로 앞에 위치 The position is **just** for an entry level accountant. 그 직책은 입문 단계의 회계사만을 위한 것이다.
ever	① 부정문, 의문문, 조건문에 사용 / 긍정문 사용 불가 ② 예외) ~ than ever (before) 　　　　the + 최상급 + ever
yet	① 부정문, 의문문에 주로 사용 / 긍정문 사용 불가 ② yet이 들어가는 위치 　- 부정어 뒤 not yet　- 문장 뒤(맨 마지막)　- have yet to V 아직 ~하지 못하다
even	① 심지어 ~조차도 (단어나 구 앞에서 강조) **Even** the beginner photographers can easily use this camera. 초보 사진사들조차도 이 카메라를 손쉽게 사용할 수 있다. ② 비교급(-er/more ~ than)이나 최상급(-est/the most ~) 강조
well	① 잘 → good의 부사 ② 훨씬 → 전치사구를 강조 well above/under/below 훨씬 웃도는/훨씬 못 미치는/훨씬 이하의 well before/after 훨씬 전에/훨씬 후에
still	① 여전히, 아직도 ② 부정문에서 부사 yet과 구분하기 (어순 구분)　not yet / still not ③ 비교급(-er/more ~ than)이나 최상급(-est/the most ~) 강조
so vs. very	① 둘 다 '매우'를 의미 ② so는 that과 함께 쓰이지만 very는 that절과 함께 쓰일 수 없음 so ~ that: 너무 ~해서 -하다 Ms. Miller was **so** busy that she couldn't shop for groceries. 밀러 씨는 너무 바빠서 장을 볼 수 없었다. ＊ so ~ that -can't/couldn't: '너무 ~해서 -할 수 없다' that절의 can't나 couldn't를 단서로 하여 부사 so를 정답으로 선택하는 문제가 출제!
enough vs. too	① enough가 부사로 쓰일 경우 형용사를 뒤에서 수식 형용사 + enough + to부정사: ~하기에 충분히 -한 He is qualified **enough** to apply for the manager position. 그는 매니저 직책에 지원하기에 충분히 자격을 갖추었다. ② too는 형용사 또는 부사를 앞에서 수식 too + 형용사/부사 + to부정사: 너무 ~해서 -할 수 없다 부정적 뉘앙스! The package is **too** heavy to move without someone's help. 이 상자는 너무 무거워서 다른 사람의 도움 없이는 옮길 수 없다.

기출기반문제

Please note [that anything / larger than a compact vehicle] is / ------- wide / to fit / in this parking lot.

(A) much (B) too
(C) even (D) more

compact vehicle 경차
wide 폭이 넓은
fit (모양이나 크기가) 맞다

출제 포인트 7 — 형태는 비슷하지만 의미가 다른 부사
√ 한 단어에서 파생되어 형태는 비슷하지만 완전히 다른 의미이므로 구분하여 알아두어야 한다.

- high 높게 - **highly** 매우 + recommended/regarded/anticipated/successful/motivated
- near 가까이 - **nearly** 거의
- late 늦게 - **lately** 최근에 = recently
- hard 열심히, 힘들게 - **hardly** 거의 ~않다 = seldom, rarely
- most 가장 많이 - **mostly** 대체로, 주로
- close 가깝게 - **closely** 자세히, 밀접하게 closely examine / work closely

---

기출기반문제

With the increase / in popularity / of organic produce / -------, many farmers / have changed / their growing practices.

(A) latest (앞에 the 필요) (B) later
(C) late (D) lately

increase 증가; 증가하다
popularity 인기
produce 농산물 *명사 의미 암기 꼭! (동사: 생산하다)
growing 재배
practice 습관, 관습
latest 가장 최근의, 최신의 *뒤에 명사가 와야 함

40 영단기 토익 만점자 필기노트 <PART 5 문법>

출제 포인트 8 | 접속부사
✓ 접속부사와 접속사를 구분해야 한다.

1 역할: 앞뒤 두 개의 문장을 연결해 주는 부사

2 쓰이는 구조
- 문장 2개를 각각 연결할 때는 콤마와 함께 두 번째 문장 앞에 쓰임

  문장 1. 접속부사, 문장 2.

  The marketing proposal is not attractive. **Besides**, the cost seems too expensive.
  그 마케팅 제안은 매력적이지 않다. 게다가, 비용이 너무 많이 드는 것 같다.

- 한 문장 안에서 두 개의 절을 연결할 때는 and나 but, 세미콜론(;)과 함께 쓰임

  문장 1; 접속부사, 문장 2.

  문장 1 and 접속부사 문장 2.

> **기출** and + 접속부사
> and therefore, and then, and also, and yet

3 접속부사의 종류 ☆접속사와 구분 필수!

의미	접속부사	접속사
대조	however 하지만	but 하지만
결과	therefore/hence 그러므로 consequently 결과적으로	so 그래서
시간의 경과	meantime/meanwhile 그동안 afterwards 그 후에 then 그러고 나서 since then 그때 이후로	while ~하는 동안 after ~후에
첨가	also 또한 besides/moreover/furthermore/in addition 게다가	
양보	nevertheless/nonetheless/notwithstanding 그럼에도 불구하고	although/though 비록 ~이지만 while ~한 반면에
조건	if so 그렇다면 otherwise 그렇지 않으면	if ~라면 unless ~가 아니라면

> **기출기반문제**
> Residents / of Minooka / were concerned / about pollution, (and) ------, the city council / passed / strict emissions regulations.
> 오염에 대해 염려 (그 결과) 엄격한 배출 규정 통과
>
> (A) additionally   (B) however
> (C) nevertheless   (D) therefore ✓

resident 주민
concerned about ~에 대해 염려하는
pollution 오염
pass 통과시키다
strict 엄격한
emission 배출
regulations 규정

Review Note

빈칸에 알맞은 내용을 직접 적어보며 복습하세요. (정답 p. 130)

출제 포인트 1 부사의 역할과 위치

① [ ] 수식 - 주어와 동사 사이
- 동사와 동사 사이: [be동사 + 부사 + -ing] [be동사 + 부사 + -ed] [have + 부사 + p.p.] [조동사 + 부사 + 동사원형]
- 동사 뒤: [[ ] + 부사 + (전치사)] [[ ] + 목적어 + 부사] [be동사 + p.p. + 부사]

② [ ] 수식 - '형용사 + 명사'를 앞에서 수식
- 형용사 보어 수식: [be/become + 부사 + 형용사] [make/find/keep/consider + 목적어 + 부사 + 형용사]

③ [ ] 수식 - to + 부사 + 동사원형   - to + 동사원형 + 목적어 + 부사   - to + 동사원형 + 부사

④ [ ] 수식 - 주로 동명사 뒤에서 수식
- 동명사가 전치사의 목적어 역할을 할 경우 '전치사 + 부사 + 동명사' 가능

⑤ [ ] 수식 ＊주로 분사 앞에 빈칸이 주어지는 형태로 출제!
- 부사 + 분사 + 명사   - 명사 + 분사 + 부사   - 부사 + 분사구문, 주어 + 동사 ~

출제 포인트 2 빈도 부사

always 항상	usually = normally = typically 보통	often = frequently 자주
regularly 정기적으로	[ ] = occasionally 가끔	[ ] 한 번
[ ] = hardly = seldom = scarcely 거의 ~않다		never 전혀 ~않다

① 빈도 부사는 반복되는 일반적인 사실을 나타내므로 [ ] 시제 동사와 자주 쓰임
② 주로 일반동사의 앞 또는 조동사/be동사의 뒤에 위치

출제 포인트 3 부정 부사

hardly/rarely/scarcely/barely/seldom 거의 ~않다   [ ] 전혀 ~않다

① 부정 부사는 not이나 no 등 다른 부정어와 함께 쓸 수 없음
② 부정 부사가 문장 맨 앞에 나와 강조하는 역할을 하면 뒤에 주어와 동사가 도치

출제 포인트 4 시간 부사

현재 또는 현재진행 시제	[ ] 현재 now 지금 presently 지금 still 여전히
과거 시제	once 한때 formerly 이전에 previously 이전에 recently = lately 최근에 ago ~전에
현재완료 시제	[ ] 이미 recently = lately 최근에 so far 지금까지
미래 시제	soon = shortly 곧

recently/lately는 과거, 현재완료 시제와 모두 쓰임

출제 포인트 5 숫자 표현과 사용되는 부사

approximately = about = around = roughly 대략, 약   almost = [ ] 거의   more than = over ~이상
at least 최소한   [ ] 최대한, ~까지   exactly 정확하게

출제 포인트 6 　 빈출 부사 구분

[　　]	① 방금, 막 → [　　] 시제와 쓰임
	② 오직, 단지 → 강조하는 전치사구/명사구 바로 앞에 위치
ever	① 부정문, 의문문, 조건문에 사용 / 긍정문 사용 불가
	② 예외) ~ than ever (before) the + 최상급 + ever
yet	① 부정문, 의문문에 주로 사용 / 긍정문 사용 불가
	② yet이 들어가는 위치
	- 부정어 뒤 not yet - 문장 뒤(맨 마지막) - [　　] 아직 ~하지 못하다
[　　]	① 심지어 ~조차도 (단어나 구 앞에서 강조)
	② 비교급(-er/more ~ than)이나 최상급(-est/the most ~) 강조
well	① 잘 → good의 부사
	② 훨씬 → 전치사구를 강조
	well [　　]/under/below 훨씬 윗도는/훨씬 못 미치는/훨씬 이하의
	well before/after 훨씬 전에/훨씬 후에
[　　]	① 여전히, 아직도
	② 부정문에서 부사 yet과 구분하기 (어순 구분) not yet / still not
	③ 비교급(-er/more ~ than)이나 최상급(-est/the most ~) 강조
so vs. very	① 둘 다 '매우'를 의미
	② [　　]는 that과 함께 쓰이지만 very는 that절과 함께 쓰일 수 없음 so ~ that: 너무 ~해서 -하다
	* so ~ that -can't/couldn't: '너무 ~해서 -할 수 없다'
enough vs. too	① enough가 부사로 쓰일 경우 형용사를 뒤에서 수식 형용사 + enough + to부정사: ~하기에 충분히 -한
	② too는 형용사 또는 부사를 앞에서 수식
	too + 형용사/부사 + to부정사: 너무 ~해서 -할 수 없다 부정적 뉘앙스!

출제 포인트 7 　 형태는 비슷하지만 의미가 다른 부사

high 높게 - [　　] 매우　　　　　　　　　hard 열심히, 힘들게 - hardly 거의 ~않다
near 가까이 - nearly [　　]　　　　　　　most 가장 많이 - mostly 대체로, 주로
late 늦게 - lately [　　]　　　　　　　　　close 가깝게 - closely [　　]

출제 포인트 8 　 접속부사

의미	접속부사	접속사
대조	[　　] 하지만	but 하지만
결과	[　　]/hence 그러므로 consequently 결과적으로	so 그래서
시간의 경과	meantime/meanwhile 그동안 afterwards 그 후에	while ~하는 동안 after ~후에
첨가	[　　]/moreover/furthermore/in addition 게다가	
양보	[　　]/nonetheless/notwithstanding 그럼에도 불구하고	although/though 비록 ~이지만
		while ~한 반면에
조건	if so 그렇다면 [　　] 그렇지 않으면	if ~라면 unless ~가 아니라면

Unit 05 전치사 ☆암기분량 ↑

토익 1회당 출제문항수 0~1 1~2 2~3 3~4 4~5

출제 포인트
1. 전치사의 위치
2. 시간 전치사
3. 장소/위치/방향 전치사
4. 비슷한 의미의 전치사
5. 이유/양보 전치사
6. 두 단어 이상 전치사
7. 전치사 숙어
8. 전치사 관용 표현

출제 포인트 1 전치사의 위치
✓ 전치사는 명사(구) 앞, 동명사 앞, 명사절 앞에 온다.

① 명사(구) 앞

① 전치사 + 명사 목적어
We will hold the event **at** the city hall.
  전치사 명사
우리는 시청에서 행사를 개최할 것이다.

> 전치사 + 명사 = 전명구/전치사구
> 문장에서 부사 또는 형용사 역할을 함

② 전치사 + 대명사 목적격, 소유대명사, 재귀대명사가 올 수 있음
Ross asked you to wait **for** him until 2 P.M. 로스가 당신에게 그를 2시까지 기다려 달라고 부탁했다.
  전치사 대명사

③ 전치사 + 명사/대명사: 전치사구 → 명사(구)를 뒤에서 수식하거나 동사 또는 문장 전체를 수식
[**During the meeting**], they discussed the survey results. 회의 동안 그들은 설문 조사 결과에 대해 논의했다.
  뒤의 문장 전체 수식

② 동명사 앞
You are able to change your flight **without** paying extra fees.
  전치사 동명사
당신은 추가 수수료를 내지 않고 비행 일정을 변경할 수 있습니다.

③ 명사절 앞
- 특히 about, as to, regarding, concerning이 명사절 앞에 자주 출제됨
  '~에 관하여'

*명사절 접속사: who, what, which, how, why, when, where, whose

Employees were concerned **as to** how the company could save money.
  전치사   명사절
직원들은 회사가 어떻게 돈을 절약할 수 있을 것인가에 대해 걱정했다.

☆ 예외) that이 이끄는 명사절은 전치사 뒤에 올 수 없음

기출 기반 문제

[------ its foundation / in 1982], Briar
         명사
Corporation / has expanded / into over
100 countries / around the world.

(A) When 접속사   (B) Since 전치사/접속사
(C) Because 부사   (D) So 부사

foundation 설립
expand 확장하다

출제 포인트 2 | 시간 전치사
✓ 시점 전치사와 기간 전치사를 구분해야 한다.

① at / on / in

at	정확한 시각이나 시점	at six o'clock, at noon, at midnight
on	날짜, 요일, 특정일	on October 25, on Monday, on weekends
in	월, 년도, 계절, 세기, 오전/오후/저녁	in March, in 2019, in summer, in the morning

at noon = 정오, at midnight = 자정

② 시점 전치사 vs. 기간 전치사

① **시점 전치사**

| by ~까지 | until ~까지 | since ~이후로 | from ~부터 | + 시점 표현 |
| before/prior to ~ 전에 | after/following ~ 후에 | | | |

→ after는 뒤에 시점/기간 모두 올 수 있음

☆ by 동작의 완료 vs. until 상태의 지속 구분 필수!

by와 함께 쓰이는 동사: finish 끝내다, complete 완료하다, submit 제출하다, turn in 제출하다
(완료 의미) inform 알리다, notify 알리다, deliver 배달하다, arrive 도착하다
cancel 취소하다

until과 함께 쓰이는 동사: wait 기다리다, continue 계속하다, stay 유지하다, last 지속하다
(계속 의미) be open 열리다, postpone 지연되다, work 일하다

Please submit your résumé **by** next Monday. 당신의 이력서를 다음 주 월요일까지 제출해주세요.
└ 완료의 의미를 갖는 동사

The festival will continue **until** the end of the month. 축제는 이번 달 말까지 계속될 것이다.
└ 계속의 의미를 갖는 동사

② **기간 전치사**

| for ~동안에 | during ~동안에 | over ~에 걸쳐서 | within ~이내에 | + 기간 표현 |
| throughout ~(동안) 내내 | around ~(동안) 내내 | in ~후에/~만에 | | |

☆ for vs. during 구분 필수!
- for + 숫자로 나타낸 시간 명사
- during + 기간을 나타내는 명사

holiday season 휴가철, summer vacation 여름 휴가, peak season 성수기,
orientation session 설명회, one's absence ~의 부재, business hours 영업 시간 등

Sales have doubled **for** the last three years. 매출이 지난 3년 동안 두 배가 되었다.

We have longer store hours **during** the summer peak season.
우리는 여름 성수기 동안에는 영업 시간이 더 길다.

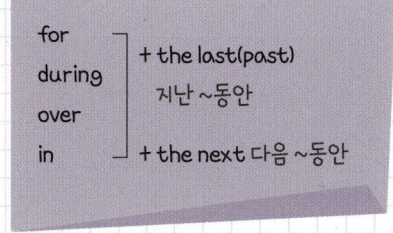

for / during / over / in + the last(past) 지난 ~동안
+ the next 다음 ~동안

기출기반문제

All applications / for the internship program / must be (turned in) / ------- tomorrow.
　　　　　　　　　　　　　　완료 동사
　시간 표현

(A) at　　　(B) by
(C) on　　　(D) for

application 신청서
turn in 제출하다
= submit

출제 포인트 3 — 장소/위치/방향 전치사

✓ through의 다양한 의미를 알아두자.
✓ 문맥에 적절한 전치사를 고를 수 있도록 의미와 함께 암기한다.

1 장소 전치사 at/on/in

at	구체적인 지점이나 장소	at the subway station, at the city library, at the corner of
on	표면에 붙어 있는 경우(층, 선반, 전시물 등), 선에 인접한 것(도로, 국경, 강 등)	on the first floor, on the wall, on the street, on the border
in	대륙, 나라, 주, 큰 도시, 입체 공간의 내부	in Europe, in the office, in the refrigerator

2 위치/방향 전치사

- to ~로
- from ~에서, ~로부터
- towards ~쪽으로, ~를 향해
- along ~을 따라
- **throughout** ~의 전체의 걸쳐
- **under** ~아래에, ~ 이하
- across ~을 가로질러, ~ 전역에, ~의 건너편에
- beside/next to ~ 옆에
- above ~위에, ~이상인
- below ~아래에, ~이하인
- near ~근처에
- over ~위에, ~ 이상
- around ~ 주위에, ~ 전역에 걸쳐
- **through** <장소/과정> ~을 거쳐/통과하여 = all over, across　　<수단> ~을 통해　　<시간> ~내내
- between ~사이에(둘 사이에) vs. **among** ~사이에(셋 이상 사이에)

↳ 이 뜻으로 가장 자주 출제됨!

---

under: ~하에, ~중인
under construction
under discussion
under negotiation

among
- 셋 이상 사이에 속하여/포함되어
- 셋 이상 사이에서 나누다
  divide/distribute A among

출제 포인트 4   비슷한 의미의 전치사

✓ '~에 관하여', '~뿐만 아니라', '~을 제외하고서', '~을 고려해볼 때'의 뜻을 가진 다양한 전치사가 출제된다.

1 ~에 관하여

about	on	regarding	concerning	pertaining to	as to
in[with] regard to		with respect to		with[in] reference to	

- details / information / inquiries / questions / concerns 등의 어휘가 주로 앞에 옴

2 ~뿐만 아니라

| besides | in addition to | aside from | apart from | on top of |

→ 두 가지 의미를 가짐!

3 ~을 제외하고서

| except (for) | aside from | apart from |

4 ~을 고려해볼 때

| considering | given |

출제 포인트 5   이유/양보 전치사

✓ 같은 의미의 접속사/접속부사와 구별해야 한다.

	전치사	접속사	접속부사
이유(~때문에)	because of / due to / owing to / on account of / thanks to	because / since / as / now that / in that	for this reason / hence / therefore / consequently
양보(~에도 불구하고)	despite / in spite of / notwithstanding	although / though / even though / even if / while	however / nevertheless / nonetheless

despite of: 단골 오답! 혼동하지 않기

Despite the bad weather, many fans came to the concert. 악천후에도 불구하고, 많은 팬들이 콘서트에 왔다.
Although X   명사구

출제 포인트 6	두 단어 이상 전치사
	✓ 전치사 자체의 의미를 묻거나 전치사의 일부를 채워 넣는 문제로 출제된다.

두 단어 전치사	instead of ~ 대신에 according to ~에 따르면 prior to ~ 이전에 ahead of ~에 앞서 along with ~와 함께 such as ~와 같은 as of + 시점 ~부로 regardless of ~에 상관없이
세 단어 이상 전치사	in response to ~에 대응하여 in celebration of ~을 축하하여 in terms of ~의 면에서 in charge of ~을 책임지는 in case of ~의 경우에 in favor of ~을 찬성하여 in observance of ~을 준수[기념]하여 in compliance with ~을 준수하여 in light of ~을 고려하여 in place of ~을 대신하여 on behalf of ~을 대신하여 as a result of ~의 결과로 by means of ~로써, ~에 의하여 in honor of ~을 기념하여

기출기반문제

High Fly Airlines / purchases new parts (새 부품을 구입하다) / ------- repairing old ones (예전 것을 수리하다) (대신에) / on its airplanes.

(A) such as   (B) along with
(C) instead of   (D) due to

보기가 모두 전치사이므로 어휘 문제 → 해석!

purchase 구입하다; 구입, 구입한 것
repair 수리하다; 수리 — 가산N / 불가산N

출제 포인트 7	전치사 숙어
	✓ 동사를 보고 적절한 전치사를 고르는 문제가 출제된다.

1 자동사 + 전치사

with	comply with ~을 따르다 interfere with ~을 방해하다 cooperate with ~와 협력하다 deal with ~을 다루다, 해결하다
in	specialize in ~을 전문으로 하다 enroll in ~에 등록하다 succeed in ~에 성공하다
to	appeal to ~의 관심을 끌다 contribute to ~에 기여하다 refer to ~을 참조하다
for	account for ~을 설명하다 register for ~을 등록하다 ask for ~을 요청하다
of	consist of ~로 구성되다 dispose of ~을 처리하다 take advantage of ~을 이용하다
from	differ from ~와 다르다 refrain from ~을 삼가다

2 타동사 + 목적어 + 전치사

from	obtain A from B A를 B로부터 얻다	import A from B A를 B로부터 수입하다
to	offer A to B A를 B에게 제공하다	submit A to B A를 B에게 제출하다
	issue A to B A를 B에게 발급하다	add A to B A를 B에 더하다
	extend A to B A를 B까지 연장하다	donate A to B A를 B에 기부하다
	transfer A to B A를 B로 옮기다	transform A into B A를 B로 변형시키다

for	**reimburse A for B** A에게 B에 대해 상환하다	compensate A for B A에게 B에 대해 보상하다
with	provide A with B A에게 B를 제공하다	share A with B A를 B와 공유하다
	acquaint A with B A를 B에게 소개하다	**replace A with B** A를 B로 대체하다
	reward A with B A를 B로 보상하다	

3 명사 + 전치사

to	**access to** ~에 대한 접근, 이용	addition to ~에 추가	admission to ~로의 입장
on	emphasis on ~에 대한 강조	perspective on ~에 대한 관점	
in	increase/rise in ~의 증가	decrease/decline/drop in ~의 감소	**interest in** ~에 대한 관심
with	problem with ~의 문제	business with ~와의 거래	
for	**demand for** ~에 대한 수요	approval for ~에 대한 승인	standard for ~에 대한 기준

[기출기반문제]

Devon Catering / will (replace) / meat dishes / -------- vegetarian ones / upon request.

(A) in (B) to
(C) at (D) with

빈칸 앞에서 단서가 될 동사를 찾는다!

meat dish 고기 요리
vegetarian 채식주의(자)의
upon request 요청시에

출제포인트 8 — 전치사 관용 표현

✓ 전치사 부분이 빈칸으로 주로 출제되므로 통째로 암기하자.

at	at once 즉시 at your earliest convenience 가능한 한 빨리 at all times 항상 at the beginning/end of ~의 초반에/후반에 at regular intervals 정기적으로
on	on duty 근무 중인 on[upon] arrival 도착하자마자 on a regular basis 규칙적으로 on[upon] request 요청시에 on the recommendation of ~의 추천으로
in	in advance 미리, 사전에 in place 제자리에 in particular 특히 in writing 서면으로 in a timely manner 시기적절하게 in person 직접 in the foreseeable future 가까운 미래에 in one's absence ~의 부재 시에 in detail 자세히 in transit 운송 중인 in production 생산 중인
with	with emphasis 강조하여 with enthusiasm 열심히, 열중하여
without	without exception 예외 없이 without delay 지체 없이

Review Note

빈칸에 알맞은 내용을 직접 적어보며 복습하세요. (정답 p. 132)

출제포인트 1 전치사의 위치

① [　　　] 앞
- 전치사 + 명사 → 목적어
- 전치사 + 대명사 → 목적격, 소유대명사, 재귀대명사가 올 수 있음
- 전치사 + 명사/대명사: 전치사구 → 명사(구)를 뒤에서 수식하거나 동사 또는 문장 전체를 수식

② [　　　] 앞

③ [　　　] 앞 - 특히 about, as to, regarding, concerning(~에 관하여)이 명사절 앞에 자주 출제됨

출제포인트 2 시간 전치사

① at + 정확한 시각이나 시점   [　　　] + 날짜, 요일, 특정일   in + 월, 년도, 계절, 세기, 오전/오후/저녁

② 시점 전치사

by ~까지   until ~까지   [　　　] ~이후로   from ~부터   before/prior to ~ 전에   after/following ~ 후에   + 시점 표현

- [　　　] 완료 vs. [　　　] 계속 ┬ [　　　] 와 함께 쓰이는 동사: finish, complete, submit, inform, notify, deliver, arrive
                                    └ [　　　] 과 함께 쓰이는 동사: wait, continue, stay, last, be open

③ 기간 전치사

for ~동안에   during ~동안에   [　　　] ~에 걸쳐서   [　　　] ~이내에   throughout ~(동안) 내내   + 기간 표현
around ~(동안) 내내   in ~후에/~만에

- for vs. during ┬ [　　　] + 숫자로 나타낸 시간 명사
                 └ [　　　] + 기간을 나타내는 명사

출제포인트 3 장소/위치/방향 전치사

① [　　　] + 구체적인 지점이나 장소   on + 면에 붙어 있는 경우(층, 선반, 전시물 등), 선에 인접한 것(도로, 국경, 강 등)
   in + 대륙, 나라, 주, 큰 도시, 입체 공간의 내부

② 위치/방향 전치사

to ~로   from ~에서, ~로부터   [　　　] ~쪽으로, ~를 향해   [　　　] ~을 가로질러, ~전역에, ~의 건너편에
[　　　] ~을 따라   beside/next to ~ 옆에   above ~위에, ~이상인   below ~아래에, ~이하인
over ~위에, ~이상   under ~아래에, ~ 이하   around ~ 주위에, ~ 전역에 걸쳐
[　　　] <장소/과정> ~을 거쳐/통과하여 = all over, across   <수단> ~을 통해   <시간> ~내내
between ~사이에(둘 사이에) vs. [　　　] ~사이에(셋 이상 사이에)

출제포인트 4 비슷한 의미의 전치사

① [　　　]: about   on   regarding   concerning   pertaining to   as to   in[with] regard to
   with respect to   with[in] reference to
- details / information / inquiries / questions / concerns 등의 어휘가 주로 앞에 옴

② [　　　]: besides   in addition to   aside from   apart from   on top of

③ ~을 제외하고서: except (for)   [　　　] from   apart from

④ ~을 고려해볼 때: [　　　]   given

출제 포인트 5 이유/양보 전치사

	전치사	접속사	접속부사
이유(~때문에)	because of / [ ] to / owing to / on account of / thanks to	because / since / as / now that / in that	for this reason / hence / therefore / consequently
양보(~에도 불구하고)	[ ] / in spite of / notwithstanding	[ ] / though / even though / even if / while	however / nevertheless / nonetheless

출제 포인트 6 두 단어 이상 전치사

instead of ~대신에   [ ] ~에 따르면   prior to ~이전에   ahead of ~에 앞서
along with ~와 함께   such as ~와 같은   as of + 시점 ~부로   [ ] ~에 상관없이
in [ ] to ~에 대응하여   in celebration of ~을 축하하여   in [ ] of ~의 면에서   in charge of ~을 책임지는
in case of ~의 경우에   in favor of ~을 찬성하여   in observance of ~을 준수[기념]하여   in compliance [ ] ~을 준수하여
in light of ~을 고려하여   in place of ~을 대신하여   on behalf [ ] ~을 대신하여   as a result of ~의 결과로
by means of ~로써, ~에 의하여   in honor of ~을 기념하여

출제 포인트 7 전치사 숙어

① 자동사 + 전치사

enroll [ ] ~에 등록하다   differ from ~와 다르다   comply [ ] ~을 따르다   cooperate with ~와 협력하다
take [ ] of ~을 이용하다   deal with ~을 다루다, 해결하다   dispose of ~을 처리하다   refer [ ] ~을 참조하다
contribute [ ] ~에 기여하다   specialize in ~을 전문으로 하다   succeed [ ] ~에 성공하다
appeal to ~의 관심을 끌다   [ ] ~을 설명하다   [ ] ~로 구성되다   refrain from ~을 삼가다

② 타동사 + 목적어 + 전치사

provide A [ ] B A에게 B를 제공하다   obtain A [ ] B A를 B로부터 얻다   offer A to B A에게 B를 제공하다
submit A to B A를 B에게 제출하다   replace A [ ] B A를 B로 대체하다   import A from B A를 B로부터 수입하다
donate A to B A를 B에게 기부하다   [ ] A to B A를 B에게 발급하다   [ ] A for B A에게 B에 대해 상환하다
add A to B A를 B에 더하다   extend A [ ] B A를 B까지 연장하다   share A with B A를 B와 공유하다
compensate A for B A에게 B에 대해 보상하다   acquaint A with B A를 B에게 소개하다   reward A with B A를 B로 보상하다

③ 명사 + 전치사

access [ ] ~에 대한 접근, 이용   approval [ ] ~에 대한 승인   [ ] to ~에 추가
emphasis [ ] ~에 대한 강조   admission to ~로의 입장   perspective [ ] ~에 대한 관점
increase/rise in ~의 증가   decrease/decline/drop [ ] ~의 감소   standard for ~에 대한 기준
interest in ~에 대한 관심   problem with ~의 문제   demand [ ] ~에 대한 수요   business with ~와의 거래

출제 포인트 8 전치사 관용 표현

on[upon] request 요청시에   in a timely manner 시기적절하게   at once 즉시   at your [ ] convenience 가능한 한 빨리
[ ] all times 항상   at the beginning/end of ~의 초반에/후반에   in person 직접   without exception 예외 없이
with [ ] 강조하여   in detail 자세히   at regular intervals 정기적으로   [ ] duty 근무 중인
on a regular basis 규칙적으로   in advance 미리, 사전에   in place 제자리에   in particular 특히   [ ] writing 서면으로
in the foreseeable future 가까운 미래에   [ ] [upon] arrival 도착하자마자   in one's absence ~의 부재 시에
in transit 운송 중인   in production 생산 중인   with enthusiasm 열심히, 열중하여   [ ] delay 지체 없이

Unit 06 동사의 종류와 수 일치

출제 포인트
1. 동사의 종류
2. 반드시 동사원형을 쓰는 경우
3. 단수 주어 + 단수 동사 / 복수 주어 + 복수 동사
4. there 구문의 수 일치
5. 주격 관계절의 수 일치
6. 부분/전체를 나타내는 표현의 수 일치
7. 수 일치의 예외

출제 포인트 1 동사의 종류
- ✓ 자동사 뒤에는 전치사/부사가 오거나 보어가 온다.
- ✓ 타동사는 뒤에는 목적어가 온다.

① 1형식 동사: 자동사

① 자동사이므로 바로 뒤에 전치사구 또는 부사가 옴
Mr. Martin **came** to the headquarters yesterday. 마틴 씨가 어제 본사에 왔다.

② 빈출 1형식 자동사

arrive 도착하다	depart 출발하다	wait 기다리다	**happen/occur/take place** 발생하다
talk 이야기하다	rise 오르다, 상승하다	act 행동하다	behave 처신하다
work 일하다	vary 다르다	commence 시작하다	differ 다르다

vs. raise (타동사) ~을 올리다, 들다

③ 특정 전치사와 쓰이는 빈출 자동사 — 반드시 전치사와 묶어서 암기하기!

comply with ~을 준수하다	respond to ~에 응답하다	depend on ~에 의존하다, ~에 달려 있다
rely on ~에 의존하다	object to ~에 반대하다	account for ~을 설명하다
participate in ~에 참가하다	lead to ~로 이어지다	proceed to ~로 가다
		consist of ~로 구성되다

② 2형식 동사: 자동사

① 주격 보어(주어를 보충 설명하는 말)를 갖는 동사

② 빈출 2형식 동사 → 주로 명사 보어를 가짐. 나머지 동사는 주로 형용사 보어와 출제됨.

be ~이다	become ~이 되다	remain 여전히 ~이다	stay ~로 남다	prove ~로 증명되다
appear ~인 것 같다	seem ~같아 보이다	feel ~라고 느끼다	look ~같아 보이다	sound ~처럼 들리다

- 명사 주격 보어: Kevin Bacon's latest novel has **become** a bestseller.
  케빈 베이컨의 최신 소설은 베스트셀러가 되었다.
- 형용사 주격 보어: Mr. Clark **seems** highly competent. 클락 씨는 매우 능력이 있는 것 같아 보인다.

기출 기반 문제

Anyone [who ------ / in the charity run] will receive / a free event t-shirt.
(자동사 / 전치사구)

(A) suggests (B) participates
(C) guarantees (D) attends

나머지 보기는 모두 타동사!

charity run 자선 달리기 대회
receive 받다
free 무료의
guarantee 보장하다

3 3형식 동사: 타동사

① 타동사: 목적어를 갖는 동사
　↘ 명사, 대명사, to부정사, 동명사, 명사절
　　　모든 타동사 ok　　동사가 정해져 있음

② **대표적인 빈출 3형식 타동사**

answer 답하다	explain 설명하다	attract 끌어들이다	exceed 초과하다	anticipate 예상하다
oppose 반대하다	join 합류하다	attend 참석하다	reach 도달하다	
await 기다리다	handle 다루다, 처리하다	discuss 논의하다		

The staff gathered to **discuss** the agenda for the conference.
　　　　　　　　　　　　　목적어(명사)
직원들은 콘퍼런스를 위한 안건을 논의하기 위해 모였다.

③ to부정사를 목적어로 갖는 3형식 타동사

| want 원하다 | decide 결정하다 | plan 계획하다 | agree 동의하다 | |
| strive 노력하다 | wish 원하다 | hope 희망하다 | tend ~하는 경향이 있다 | + to부정사 |

She **plans** to visit the branch office. 그녀는 지사를 방문할 계획이다.

④ 동명사를 목적어로 갖는 3형식 타동사

| recommend 추천하다 | finish 끝내다 | consider 고려하다 | suggest 제안하다 | include 포함하다 | + 동명사 |

He **recommended** staying at Bahamas Inn. 그는 바하마스 호텔에 머무를 것을 추천했다.

⑤ 명사절을 목적어로 갖는 3형식 타동사

| announce 알리다 | mention 언급하다 | explain 설명하다 | state 명시하다 | suggest 제안하다 | |
| agree 동의하다 | ensure 보장하다 | indicate 나타내다 | | | + 명사절 |

Mr. Kim **announced** that he will retire soon. 김 씨는 그가 곧 퇴임할 것이라고 알렸다.

4 4형식 동사: 타동사

① 목적어를 2개 갖는 타동사
→ 간접 목적어(~에게)와 직접 목적어(~을/를) 가짐
　　명사/대명사　　명사/대명사/명사절

The manager gave him a cash bonus. 매니저는 그에게 현금 보너스를 주었다.
　　　　　　　 간.목　직.목

② '간접 목적어 + 직접 목적어'를 갖는 4형식 타동사 　주로 '주다'의 의미를 갖는 동사!

| give 주다 | offer 제공하다 | send 보내다 | grant 수여하다 | |
| award 수여하다 | bring 가져오다 | forward 보내다 | assign 할당하다 | + 간.목 + 직.목 |

③ <mark>3형식 동사 vs. 4형식 동사 구별</mark>

3형식	announce 발표하다 explain 설명하다 say 말하다 recommend 권장하다 describe 설명하다 mention 언급하다 suggest 제안하다	+ (to+사람) + 목적어(that절)
4형식	advise 조언하다 convince 확신하다 notify 알리다 tell 말하다 assure 장담하다 inform 알리다 remind 상기시키다	+ 간.목 + 직.목(that절)

announced (X)
She **notified** me that my request will be processed.
　　　　　간.목　　　　　　직.목
그녀는 내 요청이 처리될 것이라고 내게 알려주었다.

☆ 빈출 어휘 문제
announce vs. inform vs. notify
구분하는 문제

5 **5형식 동사: 타동사**

① 목적어와 목적격 보어를 갖는 타동사

- 형용사 목적격 보어: Davis **found** the article informative. 데이비스는 기사가 유익하다고 생각했다.
　　　　　　　　　　　　　목적어　　목적격 보어
- 명사 목적격 보어: The board members **appointed** Ms. Cordell a new director.
　　　　　　　　　　　　　　　　　　　　　목적어　　　목적격 보어
　임원진은 코델 씨를 신임 이사로 임명했다.

② 5형식 타동사 주로 '목적어를 ~라고 여기다'의 의미

make ~하게 하다	find ~임을 알아내다, ~라고 생각하다		
keep ~하게 두다, 유지하다	appoint ~로 임명하다	name ~로 명명하다	+ 목적어 + 목적격 보어
call ~라고 부르다	consider ~라고 생각하다	get (어떤 상태로) 되게 하다	

【기출기반문제】
Small business owners / should ------ /
installing / automated inventory tracking
동명사 목적어
software.

(A) afford　　　(B) describe +that절
(C) consider　 (D) expect +(A) +to v

owner 소유주
install 설치하다
automated 자동화된
inventory 재고
track 추적하다

출제 포인트 2 — 반드시 동사원형을 쓰는 경우
✓ 조동사 + 동사원형
✓ 명령문은 주어 없이 동사원형으로 시작

1 조동사 + 동사원형
will/would, can/could, shall/should, may/might, must
*조동사처럼 쓰이는 표현: would like to, be going to, have to, ought to

Customers can **enroll** online for the cooking class. 고객들은 온라인에서 요리 수업에 등록할 수 있다.

We have to **consider** our budget. 우리는 예산을 고려해야 한다.

2 명령문
① 명령문은 주어 없이 동사원형으로 시작
* 부사 simply가 빈칸 앞에 주어지는 경우가 종종 출제됨! To update your preferences, simply ------ our Web site ~

② **Please + 명령문**
Please **proceed** to the reception desk on the first floor. 1층에 있는 접수 데스크로 가십시오.

③ to부정사(구) + 명령문
To get a discount, **join** our membership program. 할인을 받기 위해서, 우리의 멤버십 프로그램에 가입하세요.

④ 조건절/시간부사절 + 명령문
If you need a visitor's pass, **talk** to our staff. 방문자 출입증이 필요하시면, 저희 직원에게 이야기하세요.

3 let/have/make + 목적어 + 목적격 보어(동사원형)
(능동일 때)
The company removed unnecessary steps to **let** its employees work more efficiently.
(목적어) (목적격 보어)

그 회사는 직원들이 더 효율적으로 일하게 하기 위해 불필요한 단계들을 없앴다.

4 do not/does not/did not/조동사 not + 동사원형
Please do not **respond** to this e-mail. 이 이메일에 회신하지 마세요.

기출 기반 문제

(Please) / ------- / your meal preference / on the RSVP card / and send / it / back.
(동사원형)

(A) indicate (B) indicates
(C) indicated (D) indicating

meal preference 선호하는 식사(메뉴)
RSVP (초대장에 대한) 회답
indicate 명시하다

Unit 06 동사의 종류와 수 일치

> **출제 포인트 3**
>
> **단수 주어 + 단수 동사 / 복수 주어 + 복수 동사**
> ✓ 불가산 명사, one/each/every + 단수 명사, the number of + 복수 명사 → 단수 취급
> ✓ A and B, Both A and B, many/several/few/a few/both + 복수 명사, a number of + 복수 명사 → 복수 취급
> ✓ 주어와 동사 사이의 수식어구는 수 일치에 영향을 주지 않으므로 문장 구조를 파악할 수 있어야 한다.

1 단수 취급하는 주어

　① 가산 단수 명사, 단수 대명사(He, She, It)

　② 불가산 명사: information, equipment, access 등

　③ 고유명사: 회사명, 상점명 등

　④ 동명사구/to부정사구

　⑤ 명사절(that/whether/의문사+주어+동사)

　⑥ one/each/every + 단수 명사 *one/each가 대명사로 쓰이면 one/each of the + 복수 명사 + 단수 동사

　⑦ the number of + 복수 명사 ~의 수

　⑧ every/any/some/no + -thing/-body/-one (everything, anybody, someone, no one 등)

2 복수 취급하는 주어

　① 가산 복수 명사

　② 'A and B', 'Both A and B'의 구조로 쓰인 주어

　③ many/several/few/a few/both + 복수 명사

　④ a variety of/a range of + 복수 명사 다양한

　⑤ a number of + 복수 명사 많은

　⑥ a series of + 복수 명사 일련의

3 **주어와 동사 사이의 수식어구는 수 일치에 영향을 주지 않음**

　<수식어구>

　① 전치사구: Machines [in the assembly line] are inspected every morning.
　　　　　　　복수 주어　　　　　　　　　　　　　복수 동사
　　조립 라인의 기계들은 매일 아침 점검된다.

　② to부정사구: The proposal [to build new apartments] was rejected by the city council.
　　　　　　　　　단수 주어　　　　　　　　　　　　　　단수 동사
　　새 아파트를 짓자는 제안은 시의회에 의해 거부되었다.

　③ 현재분사구: The board members [attending the trade fair] were invited to the reception.
　　　　　　　　　복수 주어　　　　　　　　　　　　　　　복수 동사
　　무역박람회에 참가하는 이사진들은 리셉션에 초대되었다.

　④ 과거분사구: The manuscript [edited by editorial members] was published last week.
　　　　　　　　　단수 주어　　　　　　　　　　　　　　　단수 동사
　　편집자들이 편집한 원고는 지난주에 출간되었다.

　⑤ 관계절: The employees [who should be in the meeting] are listed on the board.
　　　　　　 복수 주어　　　　　　　　　　　　　　　　　복수 동사
　　회의에 와야 하는 직원들은 게시판에 명단이 기재되어 있다.

기출기반문제 → 단수 주어

The number / of subscribers / to Dorsey Mobile's unlimited data plan / ------ / by 20% / this year.
　　　　　　　　　　　　　　　　　　동사 자리

(A) increase　　　　(B) has increased
(C) increasing　　　(D) were increasing

subscriber 구독자
unlimited 무제한의

출제 포인트 4 — there 구문의 수 일치
√ there + 복수 동사 + 복수 명사 / there + 단수 동사 + 단수 명사

① There + 복수 동사 + 복수 명사 / There + 단수 동사 + 단수 명사
　　　　　　　　　　주어　　　　　　　　　　　　　주어

② There 구문에서 자주 쓰이는 동사: be동사, exist 존재하다, remain 남아 있다, 여전히 ~이다

There **is** detailed information on our Web site. 저희 웹사이트에 자세한 정보가 있습니다.
　　　　단수 명사(불가산)

There still **remain** many proposals under review for a government grant.
　　　　　　　　　복수 명사
검토해야 할 정부 보조금을 위한 많은 제안서들이 여전히 있다.

출제 포인트 5 — 주격 관계절의 수 일치
√ 주격 관계대명사 뒤 동사는 선행사와 수 일치 시킨다.

주격 관계대명사 뒤 동사는 선행사와 수 일치
① 단수 선행사 + 주격 관계대명사(who, that, which) + 단수 동사
② 복수 선행사 + 주격 관계대명사(who, that, which) + 복수 동사

We will meet a distributor [who supplies goods to grocery shops in Boston].
　　　　　　　단수 선행사　　　　　단수 동사
우리는 보스턴에 있는 식료품 가게에 상품을 공급하는 유통업자와 만날 것이다.

출제 포인트 6   부분/전체를 나타내는 표현의 수 일치
✓ of 뒤 명사에 동사의 수를 일치시킨다.

부분/전체를 나타내는 표현은 of 뒤 명사에 동사의 수를 일치시킨다.

① all/most/any/some/half + of the 단수 명사 + 단수 동사
                               + of the 복수 명사 + 복수 동사

② the rest/percent/the bulk/분수 + of the 단수 명사 + 단수 동사
    나머지   대부분
                             + of the 복수 명사 + 복수 동사

<u>Most of the stores</u> in the cultural district <u>extend</u> their business hours during the summer.
most of the + 복수 명사   복수 동사

문화 지구에 있는 대부분의 상점들은 여름 동안 영업 시간을 연장한다.

기출 기반 문제

Most / of the customers / of Winfield Fashion / ------- / the online survey / after / making / a purchase.
            복수 명사

(A) completes   (B) was completing
(C) complete   (D) has completed

survey 설문
make a purchase 구매하다
complete 작성하다, 완료하다

출제 포인트 7   수 일치의 예외
✓ 의무/요청/제안을 나타내는 동사의 that절에는 '(should) + 동사원형'
✓ 'It ~ that' 구문에서 의무를 나타내는 형용사가 쓰이면 that절에는 '(should) + 동사원형'

1 의무/요청/제안을 나타내는 동사의 that절에는 '(should) + 동사원형'

The labor union <u>insisted</u> **that** the company <u>hire</u> additional workers.
                 주장했다   동사원형
                                               hires (X)

노조는 회사가 직원을 더 고용해야 한다고 주장했다.

의무/요청/제안 동사 ☆ 반드시 암기!

require/request/ask 요구하다	suggest/propose/recommend 제안하다	mandate 명령하다
insist 주장하다	order 명령하다	demand 요구하다

2 'It ~ that' 구문에서 의무를 나타내는 형용사가 쓰이면 that절에는 '(should) + 동사원형'

It is mandatory **that** the accounting department be audited annually.
     의무적인   동사원형
                                                      is audited (X)
회계부서는 매년 감사를 받아야 한다.

의무 형용사 ☆ 반드시 암기!

| important 중요한 | necessary 필요한 | imperative 반드시 해야 하는 | essential 필수적인 |
| vital 필수적인 | mandatory 의무적인 | advisable 권장되는 | |

기출기반문제

We recommend [that / your air purifier's filter / -------- / once every three months].
                                          동사 자리

(A) is changed   (B) was changed
(C) has been changed   (D) be changed

air purifier 공기 청정기
once every ~마다 한 번

Review Note

빈칸에 알맞은 내용을 직접 적어보며 복습하세요. (정답 p. 134)

출제포인트 1   동사의 종류

① 1형식 동사
- [　　　]이므로 바로 뒤에 전치사구 또는 부사가 옴
- [　　　] 도착하다   depart 출발하다   happen/occur/take place 발생하다   wait 기다리다   talk 이야기하다
- [　　　] 오르다   vary 다르다   commence 시작하다   work 일하다
- 특정 전치사와 쓰이는 빈출 자동사: comply [　　　] ~을 준수하다   [　　　] to ~에 응답하다
  depend [　　　] ~에 의존하다, ~에 달려 있다   rely on ~에 의존하다   object [　　　] ~에 반대하다   account for ~을 설명하다
  appeal to ~에 호소하다   lead to ~로 이어지다   proceed to ~로 가다   consist of ~로 구성되다

② 2형식 동사
- [　　　](주어를 보충 설명하는 말)를 갖는 동사
- be ~이다   become ~이 되다   [　　　] 여전히 ~이다   stay ~로 남다   [　　　] ~로 증명되다   appear ~인 것 같다
  seem ~같아 보이다   feel ~라고 느끼다   look ~같아 보이다

③ 3형식 동사
- 타동사: [　　　]를 갖는 동사
- 빈출 3형식 타동사: answer 답하다   [　　　] 설명하다   attract 끌어들이다   [　　　] 초과하다   anticipate 예상하다
  oppose 반대하다   join 합류하다   attend 참석하다   reach 도달하다   await 기다리다   handle 다루다, 처리하다
  [　　　] 논의하다
- [　　　]를 목적어로 갖는 3형식 타동사: want 원하다   decide 결정하다   plan 계획하다   agree 동의하다   strive 노력하다
  wish 원하다   hope 희망하다   tend ~하는 경향이 있다
- 동명사를 목적어로 갖는 3형식 타동사: [　　　] 추천하다   finish 끝내다   consider 고려하다   suggest 제안하다
  include 포함하다
- [　　　]을 목적어로 갖는 3형식 타동사: announce 알리다   [　　　] 언급하다   explain 설명하다   state 명시하다
  suggest 제안하다   agree 동의하다   ensure 보장하다   indicate 나타내다

④ 4형식 동사
- 목적어를 2개 갖는 타동사 → [　　　](~에게)와 [　　　](~을/를) 가짐
- '간접 목적어+직접 목적어'를 갖는 4형식 타동사: [　　　] 주다   [　　　] 제공하다   send 보내다   grant 수여하다
  award 수여하다   bring 가져오다   forward 보내다   assign 할당하다
- 3형식 동사 vs. 4형식 동사 구별

3형식	announce 발표하다 explain 설명하다 say 말하다 recommend 권장하다 describe 설명하다 mention 언급하다 suggest 제안하다	+ (to+사람) + 목적어(that절)
4형식	advise 조언하다 convince 확신하다 notify 알리다 tell 말하다 assure 장담하다 inform 알리다 remind 상기시키다	+ 간.목 + 직.목(that절)

⑤ 5형식 동사
- 목적어와 [　　　]를 갖는 타동사
- 주로 '목적어를 ~라고 여기다'의 의미
  make ~하게 하다   [　　　] ~임을 알아내다, ~라고 생각하다   keep ~하게 두다, 유지하다   [　　　] ~로 임명하다
  name ~로 명명하다   call ~라고 부르다   consider ~라고 생각하다   get (어떤 상태로) 되게 하다

출제포인트 2 반드시 동사원형을 쓰는 경우

① [　　　] + 동사원형
② 명령문은 주어 없이 [　　　]으로 시작 * 부사 simply가 빈칸 앞에 주어지는 경우가 종종 출제됨!
- Please + 명령문   - to부정사(구) + 명령문   - 조건절/시간부사절 + 명령문
③ let/have/make + 목적어 + 목적격 보어(동사원형)
④ do not/does not/did not/조동사 not + 동사원형

출제포인트 3 단수 주어 + 단수 동사 / 복수 주어 + 복수 동사

단수 취급하는 주어	복수 취급하는 주어
① 가산 단수 명사, 단수 대명사(He, She, It)	① 가산 복수 명사
② [　　　] 명사: information, equipment, access 등	② 'A and B', 'Both A and B'의 구조로 쓰인 주어
③ 고유명사: 회사명, 상점명 등	③ many/several/few/a few/both + [　　　] 명사
④ 동명사구/to부정사구	④ a variety of/a range of + 복수 명사 다양한
⑤ 명사절(that/whether/의문사+주어+동사)	⑤ a number of + 복수 명사 많은
⑥ one/each/every + [　　　] 명사	⑥ [　　　] + 복수 명사 일련의
⑦ the number of + [　　　] 명사 ~의 수	
⑧ every/any/some/no + -thing/-body/-one	

- 주어와 동사 사이의 [　　　](전치사구, to부정사구, 분사구, 관계절)는 수 일치에 영향을 주지 않음

출제포인트 4 there 구문의 수 일치

① There + [　　　] 동사 + 복수 명사 / There + [　　　] 동사 + 단수 명사
② There 구문에서 자주 쓰이는 동사: be동사, exist 존재하다, remain 남아 있다, 여전히 ~이다

출제포인트 5 주격 관계절의 수 일치

주격 관계대명사 뒤 동사는 [　　　]와 수 일치
① 단수 선행사 + 주격 관계대명사(who, that, which) + [　　　] 동사
② 복수 선행사 + 주격 관계대명사(who, that, which) + [　　　] 동사

출제포인트 6 부분/전체를 나타내는 표현의 수 일치

[　　　] 뒤 명사에 동사의 수 일치

all/most/any/some/half + of the 단수 명사 + 단수 동사 + of the 복수 명사 + 복수 동사	the rest/percent/the bulk/분수 + of the 단수 명사 + 단수 동사 + of the 복수 명사 + 복수 동사

출제포인트 7 수 일치의 예외

① 의무/요청/제안을 나타내는 동사의 that절에는 주어의 수 상관없이 '(should) + [　　　]'
require/request/ask 요구하다 [　　　]/propose 제안하다   mandate 명령하다   insist 주장하다
order 명령하다 demand 요구하다
② '[　　　]' 구문에서 의무를 나타내는 형용사가 쓰이면 that절에는 주어의 수 상관없이 '(should) + [　　　]'
important 중요한   necessary 필요한   imperative 반드시 해야 하는   [　　　] 필수적인   mandatory 의무적인
vital 필수적인 [　　　] 권장되는

Unit 07 능동태와 수동태 ☆ 자/타동사 구분이 기본!

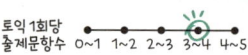

출제 포인트
1. 능동태와 수동태의 형태 구분   2. 자동사(1, 2형식 동사)의 태   3. 3형식 동사의 수동태
4. 4형식 동사의 수동태   5. 5형식 동사의 수동태   6. 감정 동사의 수동태   7. 수동태 숙어

출제 포인트 1 — 능동태와 수동태의 형태 구분
✓ 보기에 능동태와 수동태가 함께 제시되었을 때 태/시제를 바로 파악할 수 있어야 한다.

① 수: 수동태는 수에 따라 be동사가 변화

	능동태	수동태
단수	sends	is sent
복수	send	are sent

기초 개념 리마인드

The editors corrected spelling errors.
  주어   동사(능동)   목적어

Spelling errors were corrected by the editors.
  주어   동사(수동)   by + 주체

*수동태 동사의 기본 형태: be + p.p.

② 시제: 수동태는 시제에 따라 be동사가 변화

	능동태	수동태
단순 현재	send	is/are sent
단순 과거	sent	was/were sent
현재완료	has/have sent	has/have been sent
과거완료	had sent	had been sent
미래	will send	will be sent
미래완료	will have sent	will have been sent

③ 수동태는 조동사와 함께 쓰이기도 함

should be sent, can be sent 등

출제 포인트 2 — 자동사(1, 2형식 동사)의 태
✓ 자동사는 목적어를 취하지 않으므로 수동태로 쓸 수 없다.

① 자동사는 목적어를 취하지 않으므로 수동태 불가

빈출 자동사 ☆ 반드시 암기

rise 오르다	appear 나타나다	exist 존재하다	remain 남아 있다	consist 구성되다
work 일하다	depart 떠나다	proceed 진행하다	**arrive** 도착하다	occur/happen/take place 발생하다
stay ~인 상태를 유지하다		last 지속되다	participate 참석하다 → will be arrived X	

② '자동사 + 전치사'는 뒤에 목적어가 올 수 있으므로 수동태 가능 전치사 확실히 암기하기!

deal with ~을 다루다, 처리하다 → be dealt with
dispose of ~을 버리다 → be disposed of
account for ~을 설명하다 → be accounted for
refer to ~을 언급하다, ~을 참조하다 → be referred to
carry out ~을 실행하다 → be carried out
take care of ~을 돌보다, ~을 담당하다 → be taken care of

기출기반문제 → 동사 자리

We / ------- / at our destination / soon, so / please / follow / the flight attendants' instructions.

(A) arriving 동명사   (B) are arrived 동
(C) will arrive 동   (D) arrival 명

① 동사가 아닌 (A), (D) 가장 먼저 제외
② arrive는 자동사이므로 수동태인 (B) 제외

destination 목적지
follow 따르다
flight attendant 비행 승무원
instructions 지시, 설명
*clear instrucions 명확한 지시
 detailed instrucions 구체적인 지시

출제 포인트 3 **3형식 동사의 수동태**
✓ 보기가 3형식 동사일 경우 빈칸 뒤에 목적어가 있으면 능동태, 없으면 수동태가 정답이다.

→ 타동사 중 가장 종류 많음. 태 문제 90% 이상이 3형식 동사에서 출제!

① 3형식 동사의 수동태는 뒤에 목적어가 없음

Technicians **will install** the copy machine. 기술자들이 복사기를 설치할 것이다.

The copy machine **will be installed**. (수동태 동사 뒤 목적어 X)

② 빈출 3형식 동사

establish 설립하다, 수립하다	regulate 규제하다, 조절하다	detail 상술하다, 열거하다	notify 알리다
close 닫다, 폐쇄하다	release 내보내다, 출시하다	install 설치하다	maintain 유지하다
illustrate 설명하다	predict 예측하다	post 게시하다	construct 건설하다
generate 발생시키다, 만들어내다	report 알리다, 보도하다	receive 받다	

출제포인트 4   4형식 동사의 수동태
✓ 보기가 4형식 동사일 경우 해석으로 태를 구분해야 한다.

1 4형식 동사의 수동태는 뒤에 목적어가 있을 수 있음
We **offer** any visiting kinds a free chocolate bar. 우리는 방문하는 모든 아이들에게 무료 초콜릿 바를 제공한다.
　　　　간.목(~에게)　　　　직.목(~을)
→ Any visiting kids **are offered** a free chocolate bar.
　　　　　　　　수동태　　　　직.목(~을)

＊ 4형식 동사는 능동태와 수동태 모두 뒤에 목적어가 나오므로 해석으로 구분해야 한다!

2 빈출 4형식 동사

| give 주다 | send 보내다 | offer 제공하다 | award 수여하다 | charge 부과하다 |
| grant 인정하다, 승인하다 | bring 가져오다 | issue 발급하다, 발행하다 | assign 할당하다, 배정하다 | |

출제포인트 5   5형식 동사의 수동태 → 고득점 포인트
✓ 5형식 수동태 동사 뒤에는 형용사/명사/to부정사가 올 수 있다.

1 목적격 보어 자리에 형용사를 취하는 5형식 동사
You **must keep** your passport safe. 당신은 여권을 안전하게 보관해야 한다.

Your passport **must be kept** safe. 수동태 동사 뒤에 형용사 목적격 보어가 남음

목적격 보어 자리에 형용사를 취하는 빈출 5형식 동사 ☆반드시 암기

| make 만들다 | keep 유지하다 | find 알게 되다 | consider 여기다 | deem 여기다 |

2 목적격 보어 자리에 명사를 취하는 5형식 동사
We **appointed** Ms. Carlson a new director. 칼슨 씨는 신임 이사로 임명되었다.

Ms. Carlson **was appointed** a new director. 수동태 동사 뒤에 명사 목적격 보어가 남음

목적격 보어 자리에 명사를 취하는 빈출 5형식 동사 ☆반드시 암기

| elect A B A를 B로 선출하다 | name A B A를 B로 임명하다, 이름짓다 | appoint A B A를 B로 임명하다 |
| call A B A를 B로 부르다 | consider A B A를 B로 여기다, 간주하다 | |

3 목적격 보어 자리에 to부정사만 취하는 5형식 동사
He **allowed** me to download the files. 그는 내가 파일을 다운로드하는 것을 허락했다.

I **was allowed** to download the files. 수동태 동사 뒤에 to부정사 목적격 보어가 남음 be p.p. toV

목적격 보어 자리에 to부정사를 취하는 빈출 5형식 동사 ☆반드시 암기

allow A toV A가 ~하도록 허락하다	permit A toV A가 ~하도록 허가하다	encourage A toV A가 ~하도록 권장하다
expect A toV A가 ~하도록 기대하다	ask A toV A가 ~하도록 요청하다	invite A toV A가 ~하도록 요청하다
instruct A toV A가 ~하도록 지시하다	advise A toV A가 ~하도록 조언하다	force/urge A toV A가 ~하게 하다

출제포인트 6 · 감정 동사의 수동태
✓ 주어가 감정의 원인 → 능동태   ✓ 주어가 감정을 느끼면 → 수동태

1 주어가 감정의 원인 → 능동태
주어가 감정을 느끼면 → 수동태

The performance **delighted** the audience. 그 공연은 관중을 기쁘게 했다.
주어(공연)   능동태 동사
기쁨의 원인

The audience **were delighted** with the performance. 관중은 공연에 기뻐했다.
주어(관중)   수동태 동사
기쁨을 느낌

2 빈출 감정 동사

interest 흥미를 일으키다	excite 흥분시키다	concern 걱정스럽게 하다	delight 기쁘게 하다	satisfy 만족시키다
please 기쁘게 하다	disappoint 실망시키다	surprise 놀라게 하다	amuse 기쁘게 하다	tire 피곤하게 하다
fascinate 매료시키다	bore 지루하게 하다	annoy 귀찮게 하다	depress 우울하게 하다	

[기출 기반 문제]

실망을 느끼는 주체 → 수동태

Choi Industries' board of directors / was ------- / with the past quarter's low sales.
동사 자리

(A) disappointed ✓   (B) disappointing
(C) disappoint   (D) disappointment

board of directors 이사회, 경영진
quarter 분기
low 낮은
sales 매출

출제포인트 7 · 수동태 숙어
✓ p.p.와 전치사 모두 빈칸으로 출제될 수 있다.

be + p.p. + with	**be pleased with** ~에 기뻐하다 be equipped with ~을 갖추다 be faced with ~에 직면하다
	be associated with ~와 연관되다 be acquainted with ~을 알게 되다 be covered with ~로 덮이다
be + p.p. + to	**be committed to** ~에 헌신하다 **be dedicated to** ~에 헌신하다 be devoted to ~에 전념하다
	be accustomed to ~에 익숙해지다 be opposed to ~에 반대하다 be attached to ~에 첨부되다
be + p.p. + in	**be interested in** ~에 관심이 있다 **be involved in** ~에 관계되다 be engaged in ~에 종사하다
be + p.p. + on	be based on ~에 근거/토대를 두다 be focused on ~에 중점을 두다
be + p.p. + about	**be concerned about** ~에 대해 걱정하다
be + p.p. + of	**be informed/notified of** ~에 대해 통지를 받다 **be convinced of** ~을 확신하다

Review Note

빈칸에 알맞은 내용을 직접 적어보며 복습하세요. (정답 p. 136)

출제 포인트 1　능동태와 수동태의 형태 구분

각 동사의 시제와 태를 써보세요. 예) 현재 시제 능동태

sent	☐	has been sent	☐
sends	☐	will be sent	☐
is sent	☐	will have sent	☐
have sent	☐	had sent	☐

출제 포인트 2　자동사(1, 2형식 동사)의 태

① 자동사는 ☐ 를 취하지 않으므로 수동태 불가

빈출 자동사

☐ 오르다	appear 나타나다	☐ 존재하다	remain 남아 있다	consist 구성되다
☐ 일하다	depart 떠나다	proceed 진행하다	☐ 도착하다	stay ~인 상태를 유지하다
☐ 지속되다	participate 참석하다	occur/☐/take place 발생하다		

② '자동사 + 전치사'는 뒤에 목적어가 올 수 있으므로 ☐ 가능

deal with ~을 다루다, 처리하다 → be ☐ with
account for ~을 설명하다 → be accounted for
carry out ~을 실행하다 → be carried out

dispose of ~을 버리다 → be disposed of
refer to ~을 언급하다, ~을 참조하다 → ☐
take care of ~을 돌보다 → be taken care of

출제 포인트 3　3형식 동사의 수동태

① 보기가 3형식 동사일 경우 빈칸 뒤에 목적어가 있으면 ☐ , 없으면 ☐ 가 정답이다.

② 빈출 3형식 타동사

☐ 설립하다, 수립하다	regulate 규제하다, 조절하다	detail 상술하다, 열거하다	notify 알리다
close 닫다, 폐쇄하다	☐ 내보내다, 출시하다	☐ 설치하다	maintain 유지하다
illustrate 설명하다	predict 예측하다	post 게시하다	construct 건설하다
generate 발생시키다, 만들어내다	☐ 알리다, 보도하다	receive 받다	

출제 포인트 4　4형식 동사의 수동태

① 4형식 동사의 수동태는 뒤에 ☐ 가 있을 수 있음
→ 4형식 동사는 능동태와 수동태 모두 뒤에 ☐ 가 나오므로 해석으로 구분해야 한다!

② 빈출 4형식 동사

| ☐ 주다 | ☐ 보내다 | ☐ 제공하다 | award 수여하다 | charge 부과하다 |
| ☐ 인정하다, 승인하다 | bring 가져오다 | ☐ 발급하다, 발행하다 | assign 할당하다, 배정하다 | |

출제포인트 5   5형식 동사의 수동태

1. 5형식 수동태 동사 뒤에는 [　　] / [　　] / [　　] 가 올 수 있다.

2. 목적격 보어 자리에 형용사를 취하는 5형식 동사

| make 만들다 | [　　] 유지하다 | [　　] 알게 되다 | [　　] 여기다 | deem 여기다 |

3. 목적격 보어 자리에 명사를 취하는 5형식 동사

[　　] A B A를 B로 선출하다   name A B A를 B로 임명하다, 이름짓다   [　　] A B A를 B로 임명하다
call A B A를 B로 부르다   [　　] A B A를 B로 여기다, 간주하다

4. 목적격 보어 자리에 to부정사만 취하는 5형식 동사

[　　] A toV A가 ~하도록 허락하다   permit A toV A가 ~하도록 허가하다   [　　] A toV A가 ~하도록 권장하다
[　　] A toV A가 ~하도록 기대하다   ask A toV A가 ~하도록 요청하다   invite A toV A가 ~하도록 요청하다
instruct A toV A가 ~하도록 지시하다   [　　] A toV A가 ~하도록 조언하다   force/urge A toV A가 ~하게 하다

출제포인트 6   감정 동사의 수동태

1. 주어가 감정의 원인 → [　　] / 주어가 감정을 느끼면 → [　　]

2. 빈출 감정 동사

[　　] 흥미를 일으키다   excite 흥분시키다   [　　] 걱정스럽게 하다   delight 기쁘게 하다   [　　] 만족시키다
please 기쁘게 하다   [　　] 실망시키다   surprise 놀라게 하다   amuse 기쁘게 하다   tire 피곤하게 하다
fascinate 매료시키다   bore 지루하게 하다   annoy 귀찮게 하다   depress 우울하게 하다

출제포인트 7   수동태 숙어

be pleased [　　] ~에 기뻐하다   be equipped [　　] ~을 갖추다   be based on ~에 근거, 토대를 두다
be focused on ~에 중점을 두다   be concerned about ~에 대해 걱정하다   be [　　] to ~에 첨부되다
be faced with ~에 직면하다   be associated [　　] ~와 연관되다   be accustomed [　　] ~에 익숙해지다
be [　　] with ~을 알게 되다   be covered with ~로 덮이다   be informed/notified of ~에 대해 통지를 받다
be convinced [　　] ~을 확신하다   be dedicated [　　] ~에 헌신하다   be [　　] to ~에 반대하다
be interested in ~에 관심이 있다   be [　　] in ~에 관계되다   be committed to ~에 헌신하다
be devoted [　　] ~에 전념하다   be engaged in ~에 종사하다   be based in ~에 본사를 두다

Unit 08 시제

토익 1회당 출제문항수 0~1 1~2 2~3 3~4 4~5

출제 포인트
1. 단순 시제   2. 완료 시제   3. 진행 시제   4. 가정법의 시제

출제 포인트 1

단순 시제
✓ 시간/조건의 부사절에서 미래를 나타낼 때 현재 시제 사용
✓ 각 시제의 단서가 되는 시점 표현을 알아두자. → 단서가 되는 시점이 제시되지 않을 경우 해석을 통해 정답을 가린다!

1 **현재 시제**

① 습관, 규칙, 반복되는 동작, 일반적인 사실/진리

② 현재 시제 단서 표현

| currently 현재 | usually 주로, 보통 | frequently 자주 | often 종종 | still 여전히 |

every day/each day 매일   every week/each week 매주   every month/each month 매달
every year/**each** year 매해
↓
반복되는 주기

③ <mark>시간/조건의 부사절에서 미래를 나타낼 때 미래 시제 X, 현재 시제 사용!</mark> ☆빈출

Someone will pick you up [when you **arrive** at the airport tomorrow].
　　　　　　　　　　　　　　　　　　will arrive (X)
당신이 내일 공항에 도착하면 누군가가 당신을 데리러 갈 겁니다.

[If you **register** for membership], you will get additional discounts.
　　　　will register (X)
당신이 멤버십에 등록하면, 추가 할인을 받을 것입니다.

시간 부사절 접속사	조건 부사절 접속사
when ~일 때 before ~ 전에	if ~라면 unless ~하지 않는다면
after ~ 후에 as soon as ~하자마자	as long as ~하는 한
by the time ~할 때쯤 once 일단 ~하면 while ~하는 동안	provided/providing (that) ~인 경우에 = if

* 주의! when/if가 이끄는 절이 명사절이면 미래 시제 사용

Employees wonder <u>if the staff meeting **will be rescheduled**</u>. 직원들은 직원 회의 일정이 바뀔지 궁금해 한다.
　　　　　　　　명사절(wonder의 목적어)

2 과거 시제

① 과거에 이미 끝난 동작/상태

② 과거 시제 단서 표현 → 현재완료 시제와도 사용 가능

yesterday 어제	recently 최근에	once 한때
시간 표현 + ago ~ 전에 a few days ago 며칠 전에		last + 시간 표현 지난 ~ last quarter 지난 분기
in + 지난 연도/과거 시점 ~에 in 2016		

③ 문장에 과거 시제 단서 표현이 없는 경우 풀이 방법
- 문맥 판단: 이미 끝나버린 상황인지 해석을 통해 판단
- since + 주어 + 과거 시제 동사, 주어 + 현재완료 동사

　Since Lux, Inc. launched a new application, profits have risen considerably.
　　단서!　　　　　　　　　　　　　　　　　　　단서!
　럭스 사가 새 어플리케이션을 출시한 이래로, 수익이 상당히 증가했다.

3 미래 시제

① 미래에 일어날 일에 대한 추측/계획/의지

② 미래 시제 단서 표현

tomorrow 내일	shortly/soon 곧	next + 시간 표현 다음 ~에 next week
as of/effective of + 미래 시점 ~부로 as of next year		
starting/beginning + 미래 시점 ~부터 starting next Monday		
upcoming/following + 명사 다가오는/다음의 '명사' upcoming seminar		

기출 기반 문제

Our new dress code / ------- / as of this coming Monday.
　　　　　　　　　　　　　　　　　　미래 시점

(A) has been implemented
(B) was implemented
(C) will be implemented
(D) had been implemented

dress code 복장 규정
implement 시행하다 ☆ 최빈출!
+ procedure/system/
　restrictions/policy 등

출제 포인트 2	완료 시제
	✓ 현재완료는 완료 용법과 계속 용법으로 가장 많이 출제된다.
	✓ 보기에 과거완료 동사가 주어지면 기준이 되는 과거 시점이 문장에 있는지 먼저 확인한다.

1 현재완료 have p.p.

① 완료: ~했다 ☆ 빈출

cf. 과거 시제로 대체 가능하지만, 과거 시간 부사구와는 사용 불가

He **has** already **finished** the marketing proposal. 그는 이미 마케팅 제안서를 마무리 했다.

완료의 의미일 때 함께 쓰이는 표현

just 막	already 이미	now 지금

have now finished

② 계속: ~해 왔다 ☆ 빈출

We **have worked** at Paris branch for three years. 우리는 3년 동안 (계속) 파리 지사에서 일해 왔다.

계속의 의미일 때 함께 쓰이는 표현   → 전치사 부분도 빈칸으로 출제!

for + 기간 ~동안	during/for/over/in + the last[past] + 기간 지난 ~동안

over the last two months, in the last few years

always 항상	since + 주어 + 과거 동사/since + 과거 시점 ~ 이래로

have always used

③ 경험: ~해 본 적이 있다

I **have** never **worked** at overseas branches. 나는 해외 지사에서 근무해 본 적이 없다.

경험 의미일 때 함께 쓰이는 표현

ever ~해 본 적이 있다	never ~ 해 본 적이 없다	recently 최근에	lately 최근에

④ 시간 부사절에서 주절이 미래를 나타낼 때 현재완료를 쓸 수도 있음

After the new TV commercial **has aired**, the sales will increase significantly.
= airs

새 TV 광고가 방영된 후에, 매출이 상당히 증가할 것이다.

2 과거완료 had p.p.
① 과거 특정 시점보다 더 앞서 일어난 일

② 기준이 되는 과거 시점이 있는지 확인하기
The clients **had already left** before I arrived.
내가 도착하기 전에 고객들은 이미 떠났다.

③ By the time + 주어 + 과거 동사, 주어 + 과거완료
~했었을 때쯤에는, (이미) -했었다

By the time my order **was delivered**, I **had left** for my business trip.
내 주문품이 도착했을 때, 나는 출장을 떠난 뒤였다.

> 과거완료 동사가 보기에 있을 때 풀이 방법
> step 1. 기준이 되는 과거 시점이 있는지 확인
> step 2. 문맥상 기준이 되는 과거보다 앞선 과거가 분명한지 확인
> He **has visited** Seoul office.
> had visited (X)
> 문장에 과거 시점 표현 X
> → 과거완료 had visited는 우선 제거!

3 미래완료 will have p.p.
① 미래 특정 시점까지 계속되어 완료될 일

② By the time + 주어 + 현재 동사, 주어 + 미래완료 ~했을 때쯤이면, -할 것이다
→ 미래의미!

By the time the manager **comes** back, James **will have finished** the assignment.
관리자가 돌아올 때쯤이면, 제임스는 업무를 끝냈을 것이다.

> **기출기반문제**
> Over 500 domestic businesses / ------- /
> environmentally friendly policies /
> in the past three years.
> 지난 3년 동안 (계속) → 현재완료와 쓰이는 표현
> (A) will have adopted (B) have adopted
> (C) will adopt (D) are adopting

domestic 국내의
adopt 채택하다
environmentally friendly 친환경적인
policy 정책

출제 포인트 3	진행 시제
	✓현재 진행 시제는 가까운 미래의 일을 나타낼 때 미래 시제 대신 사용 가능하다.
	✓감정/상태/소유 동사는 진행 시제로 쓸 수 없다.

1 현재 진행

① 현재 진행 시제 단서 표현

now 지금　　at the moment 지금　　currently 현재

② **가까운 미래의 예정/계획을 나타낼 때 사용 가능**

We **are relocating** to a new office building tomorrow. 우리는 내일 새 사무실 건물로 이전한다.

↳ 미래 시점 표현이 있는데 보기에
미래 시제 동사가 없으면 현재 진행 선택!

2 과거 진행/미래 진행

① 과거 진행: 특정 과거 시점에 진행되고 있던 일

He **was driving** a company car yesterday at two o'clock. 그는 어제 오후 2시에 회사 차를 운전하는 중이었다.

② 미래 진행: 특정 미래 시점에 진행되고 있을 일

The spokesperson **will be announcing** the merger next Monday.

대변인은 다음 주 월요일에 합병을 발표할 것이다.

3 진행 시제로 쓸 수 없는 동사　출제율은 낮지만 고득점을 위해서는 알아야 함!

감정 동사	prefer 선호하다　surprise 놀라다　please 기쁘게 하다, 만족시키다　like 좋아하다
상태 동사	consist 구성되다　exist 존재하다　include 포함하다　know 알다
소유 동사	have 갖다　possess 소지하다　own 소유하다　belong to ~에 속하다

Mr. Parker **is being pleased** with the product he purchased. 파커 씨는 그가 구입한 물건에 만족한다.
　　　　　　(X)
　　　　　→ is pleased

출제 포인트 4   가정법의 시제

✓ would/could/might have p.p.는 주절이 가정법 과거완료일 때만 정답이 될 수 있다.

1 가정법 과거완료 (~했다면, -했을텐데)

- 과거 사실에 반대되는 상황을 가정   ※ if절 또는 주절의 동사가 빈칸으로 출제!

If + 주어 + had p.p. ~, 주어 + would/could/should/might + have p.p.

If Ms. Evans **had left** the office 10 minutes earlier, she **would have arrived** on time.
에반스 씨가 10분 일찍 회사에서 나갔다면, 그녀는 제시간에 도착할 수 있었을 텐데.

2 가정법 과거완료 도치

If + 주어 + had p.p. ~, 주어 + would/could/should/might + have p.p

→ **Had** + 주어 + p.p.~, 주어 + would/could/should/might + have p.p
  └→ 빈칸으로 출제!

3 가정법 미래 도치 (~하면, -할 것이다)   ※ 가정법 미래는 도치 문제로 출제됨

- 가능성이 희박한 미래의 일을 가정

If + 주어 + should + 동사원형 ~, 주어 + will/can/may + 동사원형 or 명령문

→ **Should** + 주어 + 동사원형 ~, 주어 + will/can/may + 동사원형 or 명령문
  └→ 빈칸으로 출제!

If you should need any assistance, you can visit our information desk.
→ **Should you need** any assistance, you can visit our information desk.
어떠한 도움이라도 필요하시면, 저희의 안내 데스크를 방문하세요.

[기출 기반 문제]

[If / Ms. Bailey / ------- / the position / in Berlin], she / **would have received** / a relocation bonus.
                        가정법 과거완료 주절

(A) will accept   (B) accepted
(C) accepts   **(D) had accepted**

position 일자리, 직위
relocation 전근, 이전
accept 수락하다

Review Note

빈칸에 알맞은 내용을 직접 적어보며 복습하세요. (정답 p. 138)

출제포인트 1 단순 시제

① 현재 시제
- 현재 시제 단서 표현

currently 현재   usually 주로, 보통   frequently 자주   often 종종   still 여전히

[_____]/each day[week, month, year] 매일, 매주, 매달, 매해

- 시간/조건의 부사절에서 미래를 나타낼 때 미래 시제 X, [_____] 시제 사용

시간 부사절 접속사	조건 부사절 접속사
[_____] ~일 때 before ~ 전에	if ~라면 [_____] ~하지 않는다면
after ~ 후에 as soon as ~하자마자	as long as ~하는 한
[_____] ~할 때쯤 once 일단 ~하면 while ~하는 동안	provided/providing (that) ~인 경우에 = if

② 과거 시제
- 과거 시제 단서 표현

yesterday 어제   recently 최근에   once 한때

시간 표현 + [_____] ~ 전에   [_____] + 시간 표현 지난 ~   in + 지난 연도/과거 시점 ~에

- 문장에 과거 시제 단서 표현이 없는 경우 풀이 방법

이미 끝나버린 상황인지 해석을 통해 판단하거나 'since + 주어 + 과거 시제 동사, 주어 + 현재완료 동사'의 구조인지 파악하기

③ 미래 시제
- 미래 시제 단서 표현

tomorrow 내일   [_____]/soon 곧   next + 시간 표현 다음 ~에   as of/effective of + 미래 시점 ~부로

starting/beginning + 미래 시점 ~부터   [_____]/following + 명사 다가오는/다음의 '명사'

출제포인트 2 완료 시제

① 현재완료 (형태: [_____])
- 완료: ~했다

완료의 의미일 때 함께 쓰이는 표현

[_____] 막   [_____] 이미   now 지금

- 계속: ~해 왔다

계속의 의미일 때 함께 쓰이는 표현

[_____] + 기간 ~동안   always 항상   during/for/over/in + the last[past] + 기간 지난 ~동안

since + 주어 + 과거 동사/since + 과거 시점 ~ 이래로

- 경험: ~해 본 적이 있다

경험 의미일 때 함께 쓰이는 표현

ever ~해 본 적이 있다   [_____] ~해 본 적이 없다   recently 최근에   lately 최근에

- 시간 부사절에서 주절이 미래를 나타낼 때 현재완료를 쓸 수도 있음

② 과거완료 (형태: ☐)
- 과거 특정 시점보다 더 앞서 일어난 일
- 기준이 되는 ☐ 시점이 있는지 확인하기
- By the time + 주어 + ☐ 동사, 주어 + 과거완료 ~했었을 때쯤에는, (이미) -했었다

③ 미래완료 (형태: ☐)
- 미래 특정 시점까지 계속되어 완료될 일
- By the time + 주어 + ☐ 동사, 주어 + 미래완료 ~했을 때쯤이면, -할 것이다

출제 포인트 3 진행 시제

① 현재 진행
- 현재 진행 시제 단서 표현

| now 지금 | at the moment 지금 | ☐ 현재 |

- 가까운 미래의 예정/계획을 나타낼 때 사용 가능

② 과거 진행/미래 진행
- 과거 진행: 특정 과거 시점에 진행되고 있던 일
- 미래 진행: 특정 미래 시점에 진행되고 있을 일

③ 진행 시제로 쓸 수 없는 동사

감정 동사	☐ 선호하다	surprise 놀라다	please 기쁘게 하다, 만족시키다	like 좋아하다
상태 동사	consist 구성되다	☐ 존재하다	include 포함하다	know 알다
소유 동사	have 갖다	possess 소지하다	☐ 소유하다	belong to ~에 속하다

출제 포인트 4 가정법의 시제

① 가정법 과거완료 (~했다면, -했을텐데)
- 과거 사실에 반대되는 상황을 가정 * if절 또는 주절의 동사가 빈칸으로 출제!

If + 주어 + ☐ ~, 주어 + would/could/should/might + have p.p.

② 가정법 과거완료 도치

If + 주어 + had p.p. ~, 주어 + would/could/should/might + have p.p
→ ☐ + 주어 + p.p.~, 주어 + would/could/should/might + have p.p

③ 가정법 미래 도치 (~하면, -할 것이다)
- 가능성이 희박한 미래의 일을 가정

If + 주어 + ☐ + 동사원형 ~, 주어 + will/can/may + 동사원형 or 명령문
→ ☐ + 주어 + 동사원형 ~, 주어 + will/can/may + 동사원형 or 명령문

Unit 09 to부정사

to+동사원형: 동사의 성격
(to 뒤에 오는 형태 = 동사 뒤에 오는 형태)

토익 1회당 출제문항수 0~1 1~2 2~3 3~4 4~5

출제 포인트
1. to부정사의 역할
2. to부정사의 태 일치
3. to부정사의 의미상의 주어
4. to부정사 관용 표현
5. 준사역동사 help

출제 포인트 1 — to부정사의 역할

✓ 명사(주어/목적어 자리), 형용사(명사 뒤에서 수식), 부사(목적/이유/결과) 역할을 한다.
✓ 목적(~하기 위해)을 나타낼 때는 in order toV, so as toV로 쓸 수 있다.

1 명사 역할 ~하는 것

① 주어 자리

To cooperate with other departments is fundamental to success.

다른 부서와 협업하는 것은 성공을 위해 중요하다.

→ It is fundamental to success **to cooperate** with other departments.

* to부정사가 쓰인 주어가 길면 가주어 It을 주어 자리에 쓰고 to부정사를 뒤로 보냄(가주어/진주어 구문)

② 타동사의 목적어 자리

The company strives **to satisfy** its customers. 회사는 고객들을 만족시키기 위해 노력한다.

☆ 모든 타동사가 to부정사를 목적어로 가질 수 있는 건 아니므로 해당 동사들 암기하기!
 → p.78 출제 포인트 4 - ③ 3형식 동사 + to부정사

- 5형식 문장에서 to부정사 목적어가 길면 가목적어 it으로 대체함

The new system made **to control the product quality** efficient.

The new system made it efficient **to control the product quality**.

새 시스템은 품질을 관리하는 것을 효율적이게 했다.

주의
to부정사는 전치사의 목적어 자리에는 오지 않음

③ 보어 자리

- 주격 보어

Some of the machines appear **to be broken**. 몇몇 기기들이 고장 난 것처럼 보인다.
   주어   동사   주격 보어

주어 machines가 broken

- 목적격 보어 ☆ 해당 동사들 암기하기! → p.79 출제 포인트 4-④ 5형식 동사 + 목적어 + to부정사

Most parents encourage their children **to join** extracurricular activities.
              동사   목적어   목적격 보어

대부분의 부모들은 그들의 자녀가 방과후 활동에 참여하도록 권장한다.

2 형용사 역할 명사 + to부정사

- 명사를 뒤에서 수식, '~할, ~하는, ~하기 위한'의 의미로 쓰임

☆ 해당 명사들 암기하기! → p.78 출제 포인트 4-② 명사 + to부정사

Successful candidates will have opportunities **to participate** in the annual workshop.

선발된 지원자들은 연례 워크숍에 참가할 기회를 가질 것이다.

3 부사 역할 to부정사구가 문장 맨 앞이나 뒤에 위치

① 목적: ~하기 위해 ☆ 부사 역할 중 가장 출제 비중 ↑

Several musicians held a joint concert **to raise money**. 여러 음악인들이 돈을 모으기 위해 합동 콘서트를 열었다.

- in order to V, so as to V로 쓸 수도 있음

In order to make room for new arrivals, the store holds a clearance sale.

신제품을 위한 공간을 마련하기 위해, 그 상점은 재고 정리 세일을 연다.

② 이유: ~하게 되어 -하다 → 'be pleased/delighted/happy/sorry + to부정사'의 형태로 쓰임

I'm pleased **to announce** that we will partner with the Rainbow Design Inc.

저는 우리가 레인보우 디자인 사와 협업할 것이라는 점을 알리게 되어 기쁩니다.

③ 결과: 결국 -하게 되다 → to부정사 앞에 only가 오는 경우가 많음

Mr. Portman tried his best only **to made** a small mistake.

포트먼 씨는 최선을 다했지만 작은 실수를 하게 되었다.

참고 to부정사의 'be + to V' 용법

- ~할 것이다, ~할 예정이다
- 미래를 대신하는 표현으로 사용 가능

The manager is to meet the new employees ~
만날 예정이다

출제 포인트 2 **to부정사의 태 일치** 출제율 ↑

✓ 동사와 마찬가지로 to부정사의 동사가 자동사이면 능동, 타동사이면 빈칸 뒤 목적어 유무를 따져서 능/수동 구분한다.

① to부정사의 수동태: to be + p.p.

② to부정사의 능/수동태 구별 방법: 동사의 능/수동태 구별 방법과 동일

→ to부정사의 동사가 자동사이면 능동, 타동사이면 빈칸 뒤 목적어 유무 따져서 능동/수동 구분!

The customer wanted his order **to be delivered** • tomorrow. 고객은 그의 주문이 내일 배달되기를 원했다.
　　　　　　　　　　　　　　　　　to deliver (X) ↑
　　　　　　　　　　　　　　　　　　　　목적어 X

기출기반문제 — expect 목적어 to V

Your order / is being processed /, and / we / expect / the package / ------- / within 24 hours.
　　　　　　　　　　　　　　　　　목적어 X, 전치사구

(A) to deliver　　(B) delivering
(C) to be delivered　　(D) delivery

보기의 동사 deliver: 타동사

order 주문; 주문하다
process 처리하다

출제 포인트 3 to부정사의 의미상의 주어
✓ for + 명사/대명사

- to부정사 앞에 'for + 명사' 또는 'for + 대명사' ☆ 전치사 for가 주로 빈칸으로 출제!

It is important **for** us <u>to reach</u> an agreement soon. 우리가 곧 합의를 하는 것이 중요하다.

출제 포인트 4 to부정사 관용 표현
✓ 형용사/명사/동사 부분과 to부정사 모두 빈칸으로 출제되므로 통째로 암기해두어야 한다.

1 형용사 + to부정사

(un)able toV ~할 수 있다(~할 수 없다)	eligible toV ~할 자격이 있다	(un)likely toV ~할 것 같다(~할 것 같지 않다)
eager toV ~하기를 갈망하다	pleased toV ~하는 것을 기뻐하다	(un)willing toV 기꺼이 ~하다(~하기를 꺼리다)
hesitant toV ~하기를 주저하다	reluctant toV ~하기를 꺼려하다	apt/prone toV ~하기 쉽다

All employees are <u>eager</u> **to meet** the new CEO. 모든 직원들이 새 CEO를 만나기를 간절히 바란다.

2 명사 + to부정사

ability toV ~하는 능력	opportunity toV ~할 기회	chance toV ~할 기회	effort toV ~하려는 노력
attempt toV ~하려는 시도	way toV ~할 방법	plan toV ~할 계획	need toV ~할 필요
offer toV ~하겠다는 제안	decision toV ~하겠다는 결정	right toV ~할 권리	means toV ~하려는 조치

The city of Yorkshire has a <u>plan</u> **to build** a new art gallery. 요크셔 시는 새 미술관을 건립할 계획이 있다.

3 3형식 동사 + to부정사 *동명사를 목적어로 취하는 3형식 동사와 구분하기(p. 84)

want toV 원하다	need toV 필요로 하다	wish toV 바라다	hope toV 바라다	expect toV 기대하다
plan toV 계획하다	decide toV 결정하다	ask toV 요청하다	promise toV 약속하다	refuse toV 거절하다
fail toV ~하지 못하다	afford toV 여유가 있다	strive toV 노력하다	agree toV 동의하다	

Mr. Baker <u>has decided</u> **to update** the training manual. 베이커 씨는 교육 자료를 업데이트하기로 결정했다.

주의 전치사 to를 동반하는 관용 표현과 구분하기

be accustomed to -ing/N ⎫
be used to -ing/N ⎭ ~에 익숙해지다

object to -ing/N ⎫
be opposed to -ing/N ⎭ ~에 반대하다

be committed/dedicated/devoted to -ing/N
~에 헌신하다, 전념하다

4 5형식 동사 + 목적어 + to부정사

to부정사를 목적격 보어로 취하는 동사 ☆ 수동태로도 자주 출제되므로 함께 알아두기

동사 + 목적어(A) + to부정사	목적어 + be p.p. + to부정사
expect A toV A가 ~할 것을 기대하다, 예상하다	be expected toV ~할 것으로 기대되다, 예상되다
invite A toV A가 ~하도록 제안하다	be invited to V ~하라고 제안받다
ask A toV A가 ~하는 것을 요청하다	be asked toV ~하라고 요청받다
require A toV A가 ~하는 것을 요청하다	be required toV ~하라고 요청받다
request A toV A가 ~하는 것을 요청하다	be requested toV ~하라고 요청받다
allow/permit A toV A가 ~하는 것을 허락하다	be allowed/permitted toV ~하도록 허락받다
advise A toV A가 ~하는 것을 권장하다	be advised toV ~하라고 권장받다
remind A toV A가 ~하라고 상기시켜주다	be reminded toV ~할 것을 상기하게 되다
encourage A toV A가 ~하도록 권장하다	be encouraged toV ~할 것을 권장받다
persuade A toV A가 ~하도록 설득하다	be persuaded toV ~하라고 설득되다
enable A toV A가 ~할 수 있게 하다	be enabled toV ~할 수 있게 되다

The industry experts <u>expect</u> BTA Chemicals **to expand** into the European market.
업계 전문가들은 BTA 화학이 유럽 시장에 진출할 것이라고 예상한다.

기출기반문제

Waycross' city council / loosened / regulations / in an effort / ------- / more businesses / to the city.
(effort: toV 취하는 명사)

(A) attracting   (B) to attract
(C) attracted   (D) attraction

city council 시 의회
loosen 완화하다
regulations 규정, 규제
attract 끌어들이다

출제 포인트 5 준사역동사 help
√ 'help + 목적어 + 동사원형', 'help + 동사원형'의 구조가 자주 출제된다.

1 help는 'help + 사람 목적어 + 동사원형/to부정사'의 형태로 쓰임

The new accounting software **helps you sort/to sort** all transactions more easily.
새로운 회계 소프트웨어는 당신이 모든 거래를 더 쉽게 분류하도록 도와준다.

2 목적어를 생략하고 동사원형/to부정사를 바로 쓰기도 함

The new accounting software **helps sort/to sort** all transactions more easily.
→ 목적어가 생략될 경우 동사 2개가 나란히 오는 특이한 형태의 구문이 되므로 주의!

Review Note

빈칸에 알맞은 내용을 직접 적어보며 복습하세요. (정답 p. 140)

출제포인트 1 to부정사의 역할

① 명사 역할 '~하는 것'
- 주어 자리
- [　　]의 목적어 자리 *to부정사는 [　　]의 목적어 자리에는 오지 않음
- 주격 보어, 목적격 보어 자리

② 형용사 역할 '[　　] + toV'
- 명사를 뒤에서 수식, '~할, ~하는, ~하기 위한'의 의미로 쓰임

③ 부사 역할
- 목적: ~하기 위해 *[　　] toV, so as toV로 쓸 수도 있음
- 이유: ~하게 되어 - 하다 * 'be pleased/delighted/happy/sorry + toV'의 형태로 쓰임
- 결과: 결국 -하게 되다 *to부정사 앞에 only가 오는 경우가 많음

출제포인트 2 to부정사의 태 일치

① to부정사의 수동태의 형태: [　　]
② to부정사의 능/수동태 구별 방법: 동사의 능/수동태 구별 방법과 동일
→ to부정사의 동사가 [　　]이면 능동, 타동사이면 빈칸 뒤 [　　] 유무 따져서 능동/수동 구분!

출제포인트 3 to부정사의 의미상의 주어

- to부정사 앞에 '[　　] + 명사' 또는 '[　　] + 대명사'

출제포인트 4 to부정사 관용 표현

① 형용사 + to부정사

(un)[　　] toV ~할 수 있다(~할 수 없다)	[　　] toV ~할 자격이 있다
(un)likely toV ~할 것 같다(~할 것 같지 않다)	eager toV ~하기를 갈망하다
(un)[　　] toV 기꺼이 ~하다(~하기를 꺼리다)	pleased toV ~하는 것을 기뻐하다
ready toV ~할 준비가 되다	hesitant toV ~하기를 주저하다
[　　] toV ~하기를 꺼려하다	apt/prone toV ~하기 쉽다

② 명사 + to부정사

[　　] toV ~하는 능력	opportunity toV ~할 기회	chance toV ~할 기회
[　　] toV ~하려는 노력	[　　] toV ~하려는 시도	way toV ~할 방법
plan toV ~할 계획	need toV ~할 필요	[　　] toV ~하겠다는 제안
decision toV ~하겠다는 결정	right toV ~할 권리	means toV ~하려는 조치

③ 3형식 동사 + to부정사

want toV 원하다	need toV 필요로 하다	wish toV 바라다	hope toV 바라다
[____] toV 기대하다	plan toV 계획하다	[____] toV 결정하다	ask toV 요청하다
promise toV 약속하다	refuse toV 거절하다	fail toV ~하지 못하다	[____] toV 여유가 있다
strive toV 노력하다	[____] toV 동의하다		

④ 5형식 동사 + 목적어 + to부정사

to부정사를 목적격 보어로 취하는 동사 ☆ 수동태로도 자주 출제되므로 함께 알아두기

동사 + 목적어(A) + to부정사	목적어 + be p.p. + to부정사
expect A toV A가 ~할 것을 기대하다, 예상하다	be expected toV ~할 것으로 기대되다, 예상되다
invite A toV A가 ~하도록 제안하다	be invited to V ~하라고 제안받다
ask A toV A가 ~하는 것을 요청하다	be asked toV ~하라고 요청받다
require A toV A가 ~하는 것을 요청하다	be required toV ~하라고 요청받다
request A toV A가 ~하는 것을 요청하다	be requested toV ~하라고 요청받다
[____]/permit A toV A가 ~하는 것을 허락하다	[____]/permitted toV ~하도록 허락받다
advise A toV A가 ~하는 것을 권장하다	be advised toV ~하라고 권장받다
remind A toV A가 ~하라고 상기시켜주다	be reminded toV ~할 것을 상기하게 되다
[____] A toV A가 ~하도록 권장하다	[____] toV ~할 것을 권장받다
persuade A toV A가 ~하도록 설득하다	be persuaded toV ~하라고 설득되다
[____] A toV A가 ~할 수 있게 하다	[____] toV ~할 수 있게 되다

출제포인트 5   준사역동사 help

① help는 'help + 사람 목적어 + [____]/[____]'의 형태로 쓰임

② 목적어를 생략하고 [____]/[____]를 바로 쓰기도 함

Unit 10 동명사

동사원형+-ing: 동사의 성격 가지면서 명사 역할
뒤에 목적어 ok, 부사의 수식 ok

토익 1회당 출제문항수

출제 포인트
1. 동명사의 역할   2. 동명사 vs. 명사   3. 동명사의 태 일치   4. 동명사의 의미상의 주어   5. 동명사를 목적어로 취하는 동사
6. 동명사 숙어 표현   7. 전치사 to vs. to부정사의 to   8. -ing형 명사 vs. 일반 명사

출제 포인트 1 동명사의 역할
✓동명사는 주어, 타동사의 목적어, 전치사의 목적어, 보어 자리에 온다.

1 주어 역할

Reporting daily sales to the headquarters is one of the manager's main duties.
　주어　　　　　　　목적어　　　　　　　동사

본사에 일일 매출을 보고하는 것은 매니저의 주요 업무 중 하나이다.

☆ 과거분사 형용사와 구분하는 문제가 출제됨. 형용사가 정답이 되려면 뒤의 명사를 수식해야 하는데, 이 경우 동사와의 수 일치를 확인할 것!

Training new employees requires a lot of responsibilities. 신입사원들을 교육시키는 것은 많은 책임감을 요구한다.
Trained (X)　　　　　　　단수 동사

2 타동사의 목적어 역할 * p.84 출제 포인트 5. 동명사를 목적어로 취하는 동사 참고
The company considered **opening** a new branch. 회사는 새 지점을 여는 것을 고려했다.

3 **전치사의 목적어 역할**
We are doing well in **meeting** the production quota. 우리는 생산 할당량을 채우는 것에 있어 일을 잘 하고 있다.

- 동명사와 함께 자주 출제되는 전치사: for, by, in, without, except, besides, before, after, instead of

for -ing ~하기 위해서	by -ing ~함으로써	in -ing ~함에 있어서
without -ing ~하지 않고	except -ing ~하는 것을 제외하고	besides -ing ~하는 것뿐만 아니라
before -ing (=prior to -ing) ~하기 전에	after -ing ~하고 나서	instead of -ing ~하는 대신에

4 보어 역할
The main purpose of the event was **collecting** funds. 행사의 주요 목적은 기금을 모으는 것이었다.
　　주어　　　　　　　　　　　　　　보어
main purpose = collecting funds

기출 기반 문제

[By ------ / public rental bicycles],
　전치사
Gainesville / has improved / traffic
conditions / and / generated / extra revenue.

(A) offer 동/명   (B) offers 동/명
(C) offered 동   (D) offering 동명사

public 공공의
rental 대여할 수 있는
improve 개선하다, 향상시키다
generate 발생시키다
revenue 수익

출제 포인트 2 — 동명사 vs. 명사 ☆☆

- ✓ 빈칸 뒤 보어나 목적어 O → 동명사
- ✓ 형용사가 수식 → 명사
- ✓ 빈칸 앞 관사 O → 명사
- ✓ 부사가 수식 → 동명사

1 빈칸 뒤에 보어나 목적어 있으면 → 동명사

Traffic can be reduced by **constructing** a new bypass. 새 우회도로를 건설함으로써 교통량이 줄어들 수 있다.
　　　　　　　　　　　　construction (X)　목적어

2 빈칸 앞에 관사(a/the)가 있으면 → 명사

Johnson Bakery established an online system for the **delivery** of its products.
　　　　　　　　　　　　　　　　　　　　　　　관사　　　delivering (X)

존슨 베이커리는 그들의 제품 배달을 위한 온라인 시스템을 구축했다.

3 형용사가 수식하면 → 명사
　부사가 수식하면 → 동명사　＊ 동사의 성질을 가지고 있으니까!

Mr. Han is in charge of successfully **organizing** the company retreat.
　　　　　　　　　　　　　부사　　　organization (X)

한 씨는 회사 야유회를 성공적으로 기획하는 것을 담당하고 있다.

동사원형 + ing 형태의 명사들

- 동명사도 되고 일반 명사도 가능
- 문장 구조를 통해 둘 중 무엇으로 쓰였는지 확인!
- e.g. 앞에 부사 있으면 동명사 / 형용사 있으면 명사

beginning	meeting	marketing
opening	gathering	financing
setting	seating	photocopying
showing	training	widening

출제 포인트 3 — 동명사의 태 일치

✓ 동사와 마찬가지로 동명사의 동사가 자동사이면 능동, 타동사이면 빈칸 뒤 목적어 유무를 따져서 능/수동 구분

1 동명사의 수동태: being + p.p.

2 동명사의 능/수동태 구별 방법: 동사의 능/수동태 구별 방법과 동일
→ 동명사의 동사가 자동사이면 능동, 타동사이면 빈칸 뒤 목적어 유무 따져서 능/수동 구분!

His latest novel became more popular by **being translated** into English.
　　　　　　　　　　　　　　　　　　　translating X　　목적어 X

그의 최근 소설은 영어로 번역됨으로써 인기가 더 많아졌다.

출제 포인트 4	동명사의 의미상의 주어
	✓ 명사 또는 대명사의 소유격

- 동명사 앞에 명사의 소유격 또는 대명사의 소유격

I appreciate **your** filling in for me this afternoon. 오늘 오후에 당신이 저를 대신해주어서(대신 업무를 해주어서) 감사합니다.

출제 포인트 5	동명사를 목적어로 취하는 동사
	✓ recommend, consider, suggest 등이 자주 출제된다.

아래 동사들이 3형식 동사로 쓰일 때 동명사를 목적어로 취함

recommend -ing ~하는 것을 추천하다, 권장하다	consider -ing ~하는 것을 고려하다
suggest -ing ~하는 것을 제안하다	avoid -ing ~하는 것을 피하다
involve -ing ~하는 것을 수반하다	postpone -ing ~하는 것을 미루다
deny -ing ~하는 것을 부인하다	admit -ing ~하는 것을 인정하다
discontinue -ing ~하는 것을 중단하다	include -ing ~하는 것을 포함하다

출제 포인트 6	동명사 숙어 표현
	✓ spend -ing, be worth -ing, be busy -ing, be capable of -ing 등이 자주 출제된다.

동명사 앞에 있는 어휘나 표현이 단서가 되므로 통째로 암기하기!

on/upon -ing ~하자마자	be worth -ing ~할 가치가 있다
spend + 시간/돈 + (in) -ing ~하는 데 시간/돈을 쓰다	be busy (in) -ing ~하느라 바쁘다
cannot help -ing ~하지 않을 수 없다	keep -ing 계속해서 ~하다
have trouble (in) -ing ~하는 데 문제가 있다	have difficulty (in) -ing ~하는 데 어려움을 겪다
go -ing ~하러 가다	feel like -ing ~하고 싶다
be capable of -ing ~할 수 있다	succeed in -ing ~하는 데 성공하다

출제 포인트 7	전치사 to vs. to부정사의 to
	✓ 전치사 to + 명사/동명사 vs. 부정사 to + 동사원형

- 전치사 to와 함께 사용되는 숙어 표현

look forward to 명사/-ing ~하기를 고대하다	be committed to 명사/-ing ~하는 것에 전념하다
be devoted to 명사/-ing ~하는 것에 헌신하다	be dedicated to 명사/-ing ~하는 것에 헌신하다
object to 명사/-ing ~에 반대하다	be used to 명사/-ing ~에 익숙하다
be opposed to 명사/-ing ~에 반대하다	be accustomed to 명사/-ing ~에 익숙하다
be subject to 명사/-ing ~하기 쉽다, ~하기로 되어 있다	when it comes to 명사/-ing ~에 대해서라면

기출기반문제

전치사 to
Green Globe / is devoted / to ------- /
public /, private /, and national wildlife
reservations.

(A) sustain 동 (B) sustaining 동명사
(C) sustenance 명 (D) being sustained 동명사(수동)
   sustenance of ~   뒤에 목적어 O → 수동 불가

private 사유의, 개인 소유의
wildlife 야생
reservation 보호 구역
sustain 지속시키다

출제포인트 8 — -ing형 명사 vs. 일반 명사
✓ -ing형 명사와 일반 명사가 보기에 함께 주어졌을 때 구분해낼 수 있는지 묻는다.

1 동사의 성격 없이 명사로 굳어진 -ing형 명사가 있음
   → 명사처럼 앞에 관사 ok, 형용사의 수식 ok

2 보기에 -ing형 명사와 일반 명사 모두 있을 경우 ① 가산/불가산 구분 ② 문맥상 알맞은 것을 파악하여 선택하기
   → -ing형 명사는 대부분 불가산

☆ -ing형 명사와 일반 명사의 구분 — 암기 필수!

opening 공석, 개회 - open 야외, 옥외	**cleaning** 청소 - clean 손질
accounting 회계 업무 - account 계좌, 계정	**marketing** 마케팅 - market 시장
advertising 광고업 - advertisement 광고	**funding** 자금 조달 - fund 자금
seating 좌석 배치, 수용력 - seat 자리	**spending** 지출 - spend 지출(액)/비용
pricing 가격 책정 - price 가격	**planning** 계획 수립, 기획 - plan 계획
housing 주택/주택 공급 - house 집	**staffing** 직원 배치 - staff 직원
processing 처리 - process 과정	**ticketing** 발권 - ticket 티켓

관사/한정사 없음
↓
The animal shelter was granted • **ample funding**. 그 동물 보호소는 많은 자금 조달을 받았다.
                                  형   fund X

기출기반문제

빈칸 앞 관사 X
↓
His extensive experience / in ------- /
makes / Mr. Dobson / the perfect candidate /
for Finance Manager.

(A) account 명(가산)   (B) accountant 명(가산)
(C) accounting 명(불가산)   (D) accounted 동
   전치사 뒤에 올 수 X → 가장 먼저 제외

extensive 폭넓은, 광범위한
candidate 후보자
finance 재무, 자금

Review Note

빈칸에 알맞은 내용을 직접 적어보며 복습하세요. (정답 p. 142)

출제 포인트 1 동명사의 역할

① 주어 역할

② [　　　]의 목적어 역할

③ 전치사의 목적어 역할
- 동명사와 함께 자주 출제되는 전치사

for -ing ~하기 위해서	[　　　]-ing ~함으로써	in -ing ~함에 있어서
without -ing ~하지 않고	[　　　]-ing ~하는 것을 제외하고	besides -ing ~하는 것뿐만 아니라
before -ing(=prior to -ing) ~하기 전에	after -ing ~하고 나서	[　　　]-ing ~하는 대신에

④ 보어 역할

출제 포인트 2 동명사 vs. 명사

① 빈칸 뒤에 보어나 목적어 있으면 → [　　　]

② 빈칸 앞에 관사(a/the)가 있으면 → [　　　]

③ 형용사가 수식하면 → [　　　]

　　부사가 수식하면 → [　　　]

＊ 동사원형 + -ing 형태의 명사들

→ 동명사도 되고 일반 명사도 가능

→ 문장 구조를 통해 둘 중 무엇으로 쓰였는지 확인하기! e.g. 앞에 부사 있으면 동명사 / 형용사 있으면 명사

| beginning | meeting | marketing | opening | gathering | financing |
| setting | seating | photocopying | showing | training | widening |

출제 포인트 3 동명사의 태 일치

① 동명사의 수동태의 형태: [　　　] + p.p.

② 동명사의 능/수동태 구별 방법: 동사의 능/수동태 구별 방법과 동일

→ 동명사의 동사가 자동사이면 [　　　], 타동사이면 빈칸 뒤 [　　　] 유무 따져서 능/수동 구분!

출제 포인트 4 동명사의 의미상의 주어

- 동명사 앞에 명사의 [　　　] 또는 대명사의 [　　　]을 쓴다.

출제포인트 5 동명사를 목적어로 취하는 동사

아래 동사들이 3형식 동사로 쓰일 때 동명사를 목적어로 취함

[　　　] -ing ~하는 것을 추천하다, 권장하다	[　　　] -ing ~하는 것을 고려하다
suggest -ing ~하는 것을 제안하다	avoid -ing ~하는 것을 피하다
[　　　] -ing ~하는 것을 수반하다	postpone -ing ~하는 것을 미루다
deny -ing ~하는 것을 부인하다	admit -ing ~하는 것을 인정하다
discontinue -ing ~하는 것을 중단하다	[　　　] -ing ~하는 것을 포함하다

출제포인트 6 동명사 숙어 표현

동명사 앞에 있는 어휘나 표현이 단서가 되므로 통째로 암기하기!

on/upon -ing ~하자마자	be [　　　] -ing ~할 가치가 있다
spend + 시간/돈 + (in) -ing ~하는 데 시간/돈을 쓰다	be busy (in) -ing ~하느라 바쁘다
[　　　] -ing ~하지 않을 수 없다	keep -ing 계속해서 ~하다
have trouble (in) -ing ~하는 데 문제가 있다	have [　　　] (in) -ing ~하는 데 어려움을 겪다
go -ing ~하러 가다	feel like -ing ~하고 싶다
be capable of -ing ~할 수 있다	succeed in -ing ~하는 데 성공하다

출제포인트 7 전치사 to vs. to부정사의 to

- 전치사 to와 함께 사용되는 숙어 표현

[　　　] 명사/-ing ~하기를 고대하다	be committed to 명사/-ing ~하는 것에 전념하다
be devoted to 명사/-ing ~하는 것에 헌신하다	be dedicated to 명사/-ing ~하는 것에 헌신하다
object to 명사/-ing ~에 반대하다	[　　　] 명사/-ing ~에 익숙하다
be opposed to 명사/-ing ~에 반대하다	be accustomed to 명사/-ing ~에 익숙하다
[　　　] 명사/-ing ~하기 쉽다, ~하기로 되어 있다	when it comes to 명사/-ing ~에 대해서라면

출제포인트 8 -ing형 명사 vs. 일반 명사

1. 동사의 성격 없이 명사로 굳어진 -ing형 명사가 있음
   → 명사처럼 앞에 관사 ok, 형용사의 수식 ok

2. 보기에 -ing형 명사와 일반 명사 모두 있을 경우 ① 가산/불가산 구분 ② 문맥상 알맞은 것을 파악하여 선택하기

-ing형 명사와 일반 명사의 구분

[　　　] 공석, 개회 - open 야외, 옥외	cleaning 청소 - clean 손질
accounting 회계 업무 - [　　　] 계좌, 계정	marketing 마케팅 - market 시장
advertising 광고업 - advertisement 광고	[　　　] 자금 조달 - fund 자금
[　　　] 좌석 배치, 수용력 - seat 자리	spending 지출 - spend 지출(액)/비용
pricing 가격 책정 - price 가격	[　　　] 계획 수립, 기획 - plan 계획
[　　　] 주택/주택 공급 - house 집	staffing 직원 배치 - staff 직원
processing 처리 - process 과정	ticketing 발권 - ticket 티켓

Unit 11 분사
분사 형용사/분사구문 문제가 주로 출제!

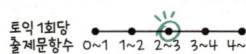

출제 포인트
1. 분사의 역할
2. 현재분사(V-ing) vs. 과거분사(p.p.)
3. 감정동사의 분사
4. 주의해야 할 분사
5. 분사구문

출제 포인트 1 　 분사의 역할
✓ 분사는 명사를 앞/뒤에서 수식하거나 주격 보어, 목적격 보어 자리에 쓰인다.

1 명사 수식 = 형용사 역할

① 명사 앞 수식

- 현재분사 + 명사: 명사가 ~하다
- 과거분사 + 명사: 명사가 ~되다

Jennifer Holden is one of the most **leading** fashion designers.
　　　　　　　　　　　　　　　　패션 디자이너가 선두하다
제니퍼 홀든은 가장 선두적인 패션 디자이너 중 한 명이다.

I will send the **revised** proposal to you by e-mail. 이메일로 수정된 제안서를 보내겠습니다.
　　　　　　　제안서가 수정되다

② 명사 뒤 수식

- 명사 + 과거분사: 명사가 ~되다
- 명사 1 + 현재분사 + 명사 2(목적어): 명사 1이 ~하다

The funds **raised** at a charity event will be used to build a new hospital.
　　기금이 모금되다
자선 행사에서 모금된 기금은 새 병원을 짓는 데 쓰일 것이다.

Customers **using** the self-checkout counter are satisfied.
　　　고객들이 사용하다
셀프 계산대를 사용하는 고객들은 만족해 한다.

2 보어 역할

① 2형식 동사의 주격 보어 역할

- 주어가 ~하다: 현재분사
- 주어가 ~되다: 과거분사

The warehouse remained **damaged** after the severe storm. 창고는 강한 폭풍 후에 피해를 입은 상태가 되었다.
　　　창고가 피해를 입다

This hiking trail is **challenging**, but it has picturesque scenery. 이 하이킹 코스는 도전적이지만, 그림 같은 풍경이 있다.
　　하이킹 코스가 도전 의식을 북돋우다

2형식 동사

be ~이다	become ~이 되다	get ~이 되다	turn ~이 되다	grow ~이 되다
remain ~한 상태이다	stay 계속 ~한 상태이다	seem ~인 것 같다	appear ~인 것처럼 보이다	

② 5형식 동사의 목적격 보어 역할

─ 목적어가 ~하다: 현재분사
─ 목적어가 ~되다: 과거분사

Frequent cleaning will <u>make</u> your coffee machine **functioning** well.
　　　　　　　　　　　　　　　커피머신이 작동하다

자주 세척을 하면 당신의 커피머신이 잘 작동할 것입니다.

Please <u>keep</u> your workspace **organized**. 당신의 작업 공간을 정리된 상태로 유지하세요.
　　　　　　　작업 공간이 정리되다

5형식 동사

make ~를 -하게 만들다	keep ~을 -한 상태로 유지하다	consider ~을 -하다고 여기다
find ~을 -라고 생각하다	leave ~을 -한 상태로 남겨두다	deem ~을 -한 상태로 간주하다

[기출 기반 문제]

Alton Tech / is looking / for a
　　　mobile app developer /
명사 수식 자리
to work / at its Chesterfield branch.

(A) promise 동/명　(B) **promising** 현재분사
(C) promises 동/명　(D) to promise toV

look for 찾다, 구하다
developer 개발자
branch 지사
promising 유망한
promise ~의 가망이 있다, 약속하다

출제 포인트 2

현재분사(V-ing) vs. 과거분사(p.p.)
✓ 명사와 분사가 능동 관계이면 현재분사, 수동 관계이면 과거분사
✓ 보기의 동사가 자동사이면 현재분사가 정답

① 수식받는 명사와 분사가 능동 관계(~하다) → 현재분사
　 수식받는 명사와 분사가 수동 관계(~되다) → 과거분사

The home appliance rental is an **emerging** industry. 가전기기 임대는 떠오르는 산업이다.
　　　　　　　　　　　　　　산업이 떠오르다(부상하다)

The store refunded for the **damaged** item. 상점은 손상된 제품에 대해 환불해 주었다.
　　　　　　　　　　제품이 손상되다

빈출 현재분사

leading 선도하는	promising 유망한	missing 분실한	inviting 매력적인
entertaining 흥미로운	challenging 도전적인	convincing 설득력 있는	rewarding 가치 있는
surrounding 인근의, 주의의	demanding 까다로운	encouraging 고무적인	outstanding 뛰어난

빈출 과거분사

attached 첨부된	enclosed 동봉된	damaged 손상된	limited 제한된, 한정된	detailed 상세한
revised 수정된	reserved 예약된	updated 업데이트된	designated 지정된	reduced 감소된
renovated 개조된	qualified 자격을 갖춘	skilled 능숙한	experienced 경험 많은	preferred 선호하는

② 자동사는 현재분사로만 쓰인다. 자동사는 수동태가 없으니까!

- 현재분사 + 명사
- 명사 + 현재분사 + 전치사 + 명사
- 명사 + 현재분사 + 부사

＊자동사는 목적어를 갖지 않으므로 현재분사 뒤에 전치사+명사가 오거나 부사가 온다.

The manager wrote a report about the **existing** workforce. 매니저는 현재 있는 인력에 대한 보고서를 썼다.
　　　　　　　　　　　　　　　　　　　　　exist 자동사) 존재하다

빈출 자동사의 현재분사

rising 상승하는	remaining 남아 있는	participating 참가하는	lasting 지속되는
existing 기존의, 현재 있는	emerging 새로 생긴, 떠오르는	growing 증가하는	

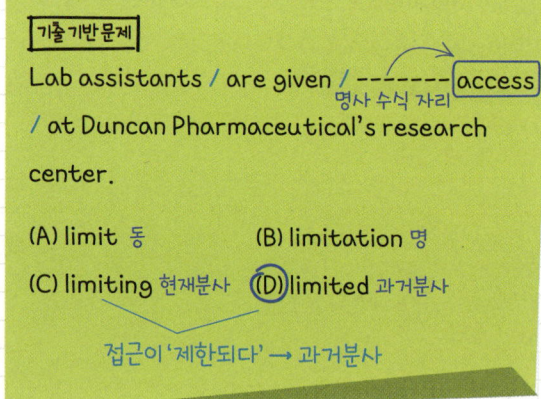

기출기반문제

Lab assistants / are given / ------- access / at Duncan Pharmaceutical's research center.
(명사 수식 자리)

(A) limit 동
(B) limitation 명
(C) limiting 현재분사
(D) limited 과거분사

접근이 '제한되다' → 과거분사

lab 실험실
assistant 보조
access 접근; 접근하다
＊동사일 경우 타동사!
　뒤에 바로 목적어 나옴
pharmaceutical 약학의, 제약의
research 연구

출제 포인트 3 감정동사의 분사
✓ 명사가 감정의 원인이면 현재분사, 감정을 느끼는 주체이면 과거분사

1. 명사를 앞/뒤에서 수식하는 경우, 수식받는 명사가 감정의 원인 → 현재분사
   감정을 느끼는 주체 → 과거분사

   The magazine is full of **interesting** articles on mobile devices.
   기사가 흥미로움을 느끼게 하는 원인

   그 잡지는 모바일 기기에 대한 흥미로운 기사들로 가득하다.

2. 분사가 주격 보어로 사용될 경우, 주어가 감정의 원인 → 현재분사
   주어가 감정을 느끼는 주체 → 과거분사

   Employees were **satisfied** with the contents of the workshop. 직원들은 워크숍의 내용에 만족했다.
   직원들이 감정을 느끼는 주체

3. 분사가 목적격 보어로 사용될 경우, 목적어가 감정의 원인 → 현재분사
   목적어가 감정을 느끼는 주체 → 과거분사

   The audience found the new film **boring**. 관객은 그 새 영화가 지루하다고 생각했다.
   영화가 지루함을 느끼게 하는 원인

4. 감정 동사에서 파생된 빈출 현재분사/과거분사

   satisfy 만족시키다 - satisfying 만족스러운 - satisfied 만족한
   surprise 놀라게 하다 - surprising 놀라운 - surprised 놀란
   excite 들뜨게 하다 - exciting 흥미로운 - excited 신이 난
   tire 피곤하게 하다 - tiring 피곤하게 하는 - tired 피곤한
   interest 흥미를 끌다 - interesting 흥미로운 - interested 들뜬, 신이 난
   disappoint 실망시키다 - disappointing 실망스러운 - disappointed 실망한
   annoy 짜증나게 하다 - annoying 짜증나게 하는 - annoyed 짜증난

   [기출기반문제]

   [After another year / of ------- sales], Shoe Shack / was forced / to go out of business.
   명사 수식 자리

   (A) disappoint 동   (B) disappointed 과거분사
   (C) disappointing 현재분사 (D) disappointment 명
   매출이 감정의 원인 → ing가 정답

   sales 매출
   force 어쩔 수 없이 ~하게 만들다
   * be forced to V 어쩔 수 없이 ~되다
   go out of business 파산하다

출제 포인트 4 — 주의해야 할 분사
✓ 현재분사/과거분사 형태일 때 의미가 아예 달라지는 형용사를 알아두자.

1 현재분사 형태와 과거분사 형태일 때 의미가 아예 달라지는 형용사

grow ┌ 자동사: 증가하다
      └ 타동사: ~을 재배하다, 경작하다

decline ┌ 자동사: 감소하다
        └ 타동사: ~을 거절하다

growing popularity 증가하는 인기
grown (X)

declining sales 감소하는 매출
declined offer 거절된 제안

2 '전치사 ----- 명사' 유형
분사 또는 동명사가 들어갈 수 있다. 해석으로 구분하기!

Due to **limited** time, the last session was canceled. 제한된 시간 때문에, 마지막 세션은 취소되었다.
　　　　limiting (X)

After **revising** the contract, management approved the plan. 계약서를 수정한 후, 경영진은 계획을 승인했다.
　　　revised (X)　동명사의 목적어

출제 포인트 5 — 분사구문
✓ 분사구문의 분사는 주절의 주어와 능동 관계이면 현재분사, 수동 관계이면 과거분사를 쓴다.
✓ preferring toV, unless otherwise p.p.와 같이 현재분사/과거분사 구문으로 굳어진 표현은 암기하자.

1 분사구문: '접속사 + 주어 + 동사'의 부사절을 분사를 이용해 부사구로 바꾼 구문 *부사 역할을 함!

Because I arrived late, I missed the most important part of the presentation.
= **Arriving late**, I missed the most important part of the presentation.
　늦게 도착했기 때문에, 나는 발표의 가장 중요한 부분을 놓쳤다.

2 주절의 주어와 분사구문이 능동 관계 → 현재분사
　　　　　　　　　　　　　수동 관계 → 과거분사

Entering the building, Mr. Hans ran into the department head. 건물에 들어오면서, 한스 씨는 부서장과 마주쳤다.
　　　　　　　　　　한스 씨가 들어가다

＊ situate ~을 -에 위치시키다
Situated in the center of the town, the shopping mall attracts a lot of tourists.
　　　　　　　　　　　　　　　쇼핑몰이 위치해 있다
도심에 위치한 그 쇼핑몰은 많은 관광객들을 끌어 모은다.

3 완료형 분사구문: 분사구문의 시제가 주절보다 앞선 경우 사용
Having p.p. ~, 문장: ~하고 난 후
Having been p.p. ~, 문장: ~된 후　＊Having이 빈칸으로 출제!

After the company installed new printers, it is now able to produce posters of various sizes.
= **Having installed new printers**, the company is now able to produce posters of various sizes.

새 프린터들을 설치하고 난 후, 회사는 이제 다양한 크기의 포스터를 제작할 수 있다.

4 접속사가 분사구문 앞에 그대로 쓰이는 경우가 토익에 더 자주 출제된다.

접속사 + 현재분사/과거분사 + 명사, 주어 + 동사~ ← 분사구문의 뜻을 정확히 전달하기 위해!

주어와 능동 관계면 현재분사/수동 관계면 과거분사

When touring our plant, visitors are not allowed to take pictures.

저희 공장을 견학하실 때, 방문객들은 사진을 찍으면 안 됩니다.

→ 현재분사 부분이 빈칸으로 출제!

5 동시 동작을 나타내는 분사구문: 완전한 문장, +`-ing` ~ '-ing하면서 주어 + 동사하다'

Maxx Finance will offer a flexible work schedule, **allowing** employees to work from home.

맥스 금융은 직원들이 재택근무 하는 것을 허용하면서 유연한 근무 일정을 제공할 것이다.

6 특정 분사구문은 현재분사 또는 과거분사로만 출제된다.

현재분사 구문으로만 출제되는 표현

| beginning/starting ~부터, ~에 시작하여 | ☆ **preferring to V** ~하는 것을 선호하면서 |
| allowing A to V A가 ~하는 것을 가능하게 하면서 | ensuring that 주어+동사 ~을 확실히 하면서 |

Beginning[Starting] on March 3, the new policy will be implemented. 3월 3일부터 새 정책이 시행될 것이다.

과거분사 구문으로만 출제되는 표현

compared to ~와 비교했을 때

as p.p. ~된 바와 같이   as discussed 논의된 대로, as mentioned 언급된 대로, as stated 명시된 대로

☆ **unless otherwise p.p.** 달리 ~되어 있지 않다면

Unless otherwise stated, you can check out only two books.

달리 명시되어 있지 않다면, 당신은 두 권의 책만 대출할 수 있습니다.

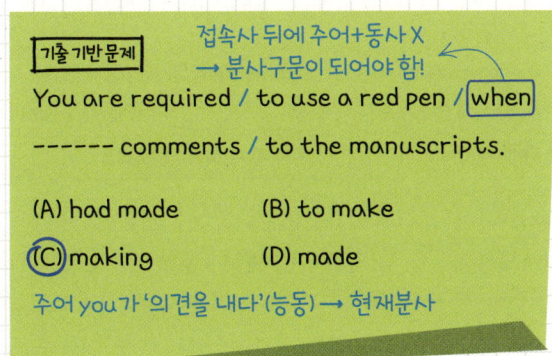

기출 기반 문제

접속사 뒤에 주어+동사 X
→ 분사구문이 되어야 함!

You are required / to use a red pen / when
------ comments / to the manuscripts.

(A) had made   (B) to make
(C) making   (D) made

주어 you가 '의견을 내다'(능동) → 현재분사

make comments 의견을 내다
manuscript 원고

Review Note

빈칸에 알맞은 내용을 직접 적어보며 복습하세요. (정답 p. 144)

출제포인트 1 분사의 역할

① 명사 수식 = 형용사 역할
- 명사 앞 수식 ┌ [　　　] + 명사: 명사가 ~하다
　　　　　　　└ [　　　] + 명사: 명사가 ~되다
- 명사 뒤 수식 ┌ 명사 + [　　　]: 명사가 ~되다
　　　　　　　└ 명사 1 + [　　　] + 명사 2(목적어): 명사 1이 ~하다

② 보어 역할
- 2형식 동사의 주격 보어 역할 ┌ 주어가 ~하다: 현재분사
　　　　　　　　　　　　　　└ 주어가 ~되다: 과거분사

2형식 동사

| be ~이다 | become ~이 되다 | get ~이 되다 | turn ~이 되다 | grow ~이 되다 |
| remain ~한 상태이다 | [　　] 계속 ~한 상태이다 | seem ~인 것 같다 | [　　] ~인 것처럼 보이다 | |

- 5형식 동사의 목적격 보어 역할 ┌ 목적어가 ~하다: 현재분사
　　　　　　　　　　　　　　　└ 목적어가 ~되다: 과거분사

5형식 동사

| make ~를 -하게 만들다 | keep ~을 -한 상태로 유지하다 | consider ~을 -하다고 여기다 |
| [　　] ~을 -라고 생각하다 | [　　] ~을 -한 상태로 남겨두다 | deem ~을 -한 상태로 간주하다 |

출제포인트 2 현재분사(V-ing) vs. 과거분사(p.p.)

① 수식받는 명사와 분사가 능동 관계(~하다) → [　　　]
　 수식받는 명사와 분사가 수동 관계(~되다) → [　　　]

빈출 현재분사

[　　] 선도하는	promising 유망한	[　　] 분실한	inviting 매력적인
entertaining 흥미로운	[　　] 도전적인	[　　] 설득력 있는	[　　] 가치 있는
surrounding 인근의, 주의의	demanding 까다로운	encouraging 고무적인	[　　] 뛰어난

빈출 과거분사

[　　] 첨부된	enclosed 동봉된	damaged 손상된	limited 제한된, 한정된	[　　] 상세한
[　　] 수정된	reserved 예약된	updated 업데이트된	[　　] 지정된	reduced 감소된
renovated 개조된	qualified 자격을 갖춘	skilled 능숙한	experienced 경험 많은	[　　] 선호하는

② [　　　]는 현재분사로만 쓰인다. (수동태가 없으니까)
- 현재분사 + 명사　　- 명사 + 현재분사 + 전치사 + 명사　　- 명사 + 현재분사 + 부사

빈출 자동사의 현재분사

| [　　] 상승하는 | remaining 남아 있는 | participating 참가하는 | lasting 지속되는 |
| [　　] 기존의, 현재 있는 | [　　] 새로 생긴, 떠오르는 | growing 증가하는 | |

출제포인트 3 감정동사의 분사

① 명사를 앞뒤에서 수식하는 경우, 수식받는 명사가 감정의 원인 → [　　] / 감정을 느끼는 주체 → [　　]
② 분사가 주격 보어로 사용될 경우, 주어가 감정의 원인 → 현재분사 / 주어가 감정을 느끼는 주체 → 과거분사
③ 분사가 목적격 보어로 사용될 경우, [　　]가 감정의 원인 → 현재분사 / [　　]가 감정을 느끼는 주체 → 과거분사
④ 감정 동사에서 파생된 빈출 현재분사/과거분사

[　　] 만족시키다 - [　　] 만족스러운 - [　　] 만족한
surprise 놀라게 하다 - surprising 놀라운 - surprised 놀란
excite 들뜨게 하다 - exciting 흥미로운 - excited 신이 난
tire 피곤하게 하다 - tiring 피곤하게 하는 - tired 피곤한
[　　] 흥미를 끌다 - [　　] 흥미로운 - [　　] 들뜬, 신이 난
disappoint 실망시키다 - disappointing 실망스러운 - disappointed 실망한
annoy 짜증나게 하다 - annoying 짜증나게 하는 - annoyed 짜증난

출제포인트 4 주의해야 할 분사

① 현재분사 형태와 과거분사 형태일 때 의미가 아예 달라지는 형용사

grow ┌ 자동사: [　　]
      └ 타동사: [　　]

decline ┌ 자동사: [　　]
        └ 타동사: [　　]

② '전치사 ----- 명사' 유형
　　분사 또는 동명사가 들어갈 수 있다. 해석으로 구분하기!

출제포인트 5 분사구문

① 분사구문: '[　　] + 주어 + 동사'의 부사절을 분사를 이용해 부사구로 바꾼 구문 *부사 역할을 함!
② 주절의 주어와 분사구문이 능동 관계 → [　　] / 수동 관계 → [　　]
③ 완료형 분사구문: 분사구문의 시제가 주절보다 앞선 경우 사용

[　　] ~, 문장: ~하고 난 후
[　　] ~, 문장: ~된 후

④ 접속사가 분사구문 앞에 그대로 쓰이는 경우가 토익에 더 자주 출제된다.
접속사 + (현재분사 / 과거분사) + 명사, 주어 + 동사~
　　주어와 능동 관계면 현재분사/수동 관계면 과거분사
⑤ 동시 동작을 나타내는 분사구문: 완전한 문장, + [　　] ~ '~하면서 주어 + 동사 하다'
⑥ 특정 분사구문은 현재분사 또는 과거분사로만 출제된다.

현재분사 구문으로만 출제되는 표현

beginning/starting ~부터, ~에 시작하여   [　　] ~하는 것을 선호하면서
[　　] A to V A가 ~하는 것을 가능하게 하면서   ensuring that 주어+동사 ~을 확실히 하면서

과거분사 구문으로만 출제되는 표현

compared to ~와 비교했을 때
as p.p. ~된 바와 같이
[　　] otherwise p.p. 달리 ~되어 있지 않다면

Unit 12 등위·상관접속사/명사절 접속사

토익 1회당 출제문항수 0~1 1~2 2~3 3~4 4~5

출제 포인트
1. 등위접속사
2. 상관접속사
3. 명사절의 역할
4. 명사절 접속사 that
5. 명사절 접속사 whether/if
6. 명사절 접속사: 의문사
7. 복합관계대명사
8. what vs. that

출제 포인트 1

등위접속사
✓ 같은 품사나 구조를 연결
✓ and, or, but(=yet), so, for(~때문에)

1. 등위접속사는 같은 품사나 구조를 연결한다.

2. 등위접속사의 종류: and, or, but(=yet), so, for(~때문에)
   - and, or, but, yet은 단어와 단어, 구와 구, 절과 절 연결 가능
   - so와 for는 절과 절만 연결 가능
   - 등위접속사 so vs. 부사절 접속사 because
     - so: 앞에 나오는 절에 원인, 뒤에 나오는 절에 결과
     - because: 부사절에 원인, 주절에 결과
     ＊because가 이끄는 부사절은 주절 앞/뒤에 모두 올 수 있지만, so가 이끄는 절은 주절 뒤에만 온다.

   Her flight was delayed, **so** Ms. Turner was not able to make it to the conference in time.
   　　　원인　　　　　　　　　　　　　결과

   Ms. Turner was not able to make it to the conference in time **because** her flight was delayed.
   　　　　　　결과　　　　　　　　　　　　　　　　　　　　　　원인
   터너 씨는 비행기가 지연되어서 회의에 제시간에 도착할 수 없었다.

3. 등위접속사는 문장 맨 앞에 올 수 없다. ＊빈칸이 문장 맨 앞에 있으면 보기에서 등위접속사부터 제거

출제 포인트 2

상관접속사
✓ 상관접속사는 짝을 찾는 문제로 출제된다.

1. **상관접속사의 종류** ＊A와 B는 대등한 구조여야 함

   both A and B A와 B 모두 　　　　　　　either A or B A 또는 B 중 하나
   neither A nor B A도 B도 아닌 　　　　not A but B A가 아닌 B
   not only A but (also) B = B as well as A A뿐만 아니라 B도

2. 상관접속사의 수 일치

   both A and B + 복수 동사 　　　　　　　either A or B → B에 수 일치
   neither A nor B → B에 수 일치 　　　　not only A but (also) B → B에 수 일치
   B as well as A → B에 수 일치 　　　　　not A but B → B에 수 일치

기출 기반 문제

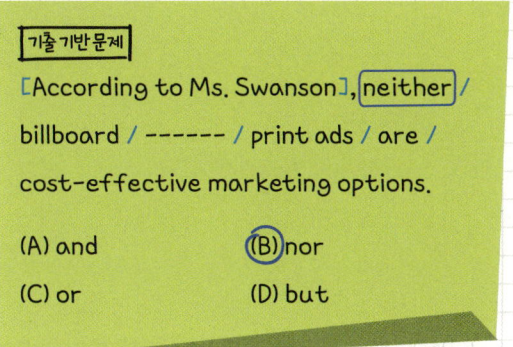

[According to Ms. Swanson], neither / billboard / ------ / print ads / are / cost-effective marketing options.

(A) and (B) nor
(C) or   (D) but

according to ~에 따르면
billboard (옥외) 광고판
ad 광고
cost-effective 비용 효율적인

출제 포인트 3 — 명사절의 역할
✓ 명사절은 문장에서 명사 역할을 한다 (주어, 타동사의 목적어, 전치사의 목적어, 보어)

1 주어 자리

[What you need to do to become a member] is to fill out this form.
　　　　　주어(명사절)　　　　　　　　　　동사

당신이 회원이 되기 위해 해야 할 일은 이 양식을 작성하는 것입니다.

- 명사절 주어: 단수 동사와 수 일치

2 타동사의 목적어 자리

The company announced [that it will expand to Asian markets]. 그 회사는 아시아 시장으로 확장할 것임을 알렸다.
　　　　　타동사　　　　　　목적어(명사절)

3 전치사의 목적어 자리

The fees you have to pay depends on [what service plan you choose].
　　　　　　　　　　　　　　　　전치사　　　목적어(명사절)

당신이 내야 하는 요금은 어떤 요금제를 선택하느냐에 따라 다르다.

4 보어 자리

The main concern is [whether we are able to secure the contract].
　　　　　　be동사　　　　　　보어(명사절)

주요 관심사는 우리가 계약을 따낼 수 있을지이다.

기출 기반 문제

[Until last month], Ms. Burgess / decided (타동사)
[------- / launch dates / would be postponed / or not].
　목적어 자리

(A) for 전치사   (B) whether 명사절 접속사
(C) only 형/부   (D) to 전치사

launch date 출시일
postpone 지연시키다

출제 포인트 4

명사절 접속사 that
- ✓ that + 완전한 절
- ✓ 전치사의 목적어로 쓸 수 X
- ✓ 동격 접속사 that으로 사용

① that + 완전한 절

② 전치사의 목적어로 쓰일 수 없음

Prof. Duffy will share some thoughts <u>on</u> **whether** investing in the stock market is profitable.
  that X

더피 교수님은 주식 시장에 투자하는 것이 수익성이 있을지에 대한 생각을 공유할 것이다.

③ 타동사의 목적어 자리에 나오는 that은 생략 가능

The company handbook <u>specifies</u> the performance review will be conducted in October.
                       타동사 ↑
                          (that)

회사 안내서는 성과 평가가 10월에 실시될 것이라고 명시한다.

④ 동격 접속사 that으로 사용

He realized <u>the fact</u> **that** he was being selfish.

그는 그가 이기적으로 행동하고 있었다는 사실을 깨달았다.

- 동격의 that절을 이끄는 명사: fact, chance, idea, news, possibility, report 등

⑤ <mark>that절을 취하는 형용사</mark> ☆ 형용사 또는 that이 빈칸으로 출제!

| be aware that ~을 알고 있다 | be sorry that ~해서 유감이다 | be afraid that ~라니 걱정이다 |

be certain/convinced/confident/sure that ~을 확신하다
be glad/happy/delighted/pleased that ~라니 기쁘다

기출기반문제

                                   타동사
The training manager / explained

[-------- / certification courses / will be
 목적어 자리   완전한 절
paid for / by the company].

(A) who 명사절 접속사   (B) that 명사절 접속사
    + 불완전한 절
(C) so 등위접속사   (D) but 등위접속사

certification 인증, 증명
vs. certificate 자격증, 증명서

pay for 대금을 지불하다

출제 포인트 5

명사절 접속사 whether/if
- ✓ whether (or not) + 완전한 절
- ✓ whether + 완전한 절 (+ or not)
- ✓ whether A or B
- ✓ whether (or not) to V
- ✓ if: 타동사의 목적어 자리에만 가능

1 whether (or not) + 완전한 절 / whether + 완전한 절 (+ or not): ~할지 말지, ~인지 아닌지

The designers will conduct a survey as to **whether** <u>customers are satisfied with the new product</u>.
완전한 절

디자이너들은 고객들이 신제품에 만족하는지 그렇지 않은지에 대해 설문조사를 시행할 것이다.

2 whether A or B: A든지 B든지

They need to decide **whether** they will renew the rental contract **or** move to a larger office.

그들은 임대 계약을 갱신할지 더 큰 사무실로 이사를 갈지 결정해야 한다.

3 <mark>whether (or not) + to부정사: ~할지 말지</mark> ☆ whether 또는 to부정사 부분이 빈칸으로 출제

I'm considering **whether** <u>to transfer</u> to London branch. 나는 런던 지사로 전근갈지 말지를 고려하는 중이다.
　　　　　　　　　　to부정사

* 부사절 접속사 whether와 구분하기
- whether: 명사절 접속사로만 쓰임
- whether ~ or/or not, whether A or B: 명사절/부사절 접속사로 모두 가능

4 if : whether와 의미가 같지만 타동사의 목적어 자리에만 올 수 있음 * if는 부사절 접속사로 더 자주 출제!

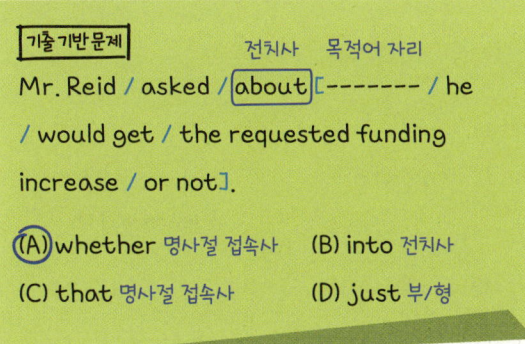

기출기반문제

Mr. Reid / asked / about [------- / he / would get / the requested funding increase / or not].

(A) whether 명사절 접속사   (B) into 전치사
(C) that 명사절 접속사   (D) just 부/형

request 요청하다; 요청
funding 자금
increase 인상; 증가하다

출제 포인트 6

명사절 접속사: 의문사 ☆☆
- ✓ who / whom / what / which + 불완전한 절
- ✓ what / which / whose + 명사 + 불완전한 절] 불완전한 절 대신에 to부정사가 올 수 있음
- ✓ when / where / how / why + 완전한 절

① 명사절 접속사로 쓰이는 의문사는 의문대명사, 의문형용사, 의문부사로 나뉜다.

의문대명사	who / whom / what / which + 불완전한 절
의문형용사	what / which / whose + 명사 + 불완전한 절
의문부사	when / where / how / why + 완전한 절

고득점팁
what vs. which
선택 범위 X / 선택 범위 O
(A or B)

I'm not sure **who** sent the letter. 누가 그 편지를 보냈는지 잘 모르겠다.
　　　　　　의문대명사　불완전한 절

The department members will discuss **whose** proposal they will choose.
　　　　　　　　　　　　　　　　　　　의문형용사　명사　　불완전한 절
부서 구성원들은 누구의 제안서를 선택할지 논의할 것이다.

Ms. Young explained **how** we prepare the annual company dinner.
　　　　　　　　　　의문부사　　　　　완전한 절
영 씨는 우리가 연례 회사 만찬을 어떻게 준비할지 설명해주었다.

② '의문사 + to부정사'의 형태로 쓰일 수 있다.

You have to know **what** to do at the conference. 당신은 학회에서 무엇을 해야 하는지 알아야 합니다.

Employees will learn **how** to operate this system. 직원들은 이 시스템을 어떻게 작동시키는지 배울 것이다.

기출기반문제

[Next week], Mr. Archer / will share (타동사)
[------- / he / learned / from the workshop].
　목적어 자리　　불완전한 절

(A) whether + 완전한 절　(B) if + 완전한 절
(C) what + 불완전한 절　(D) regularly 부사

share 공유하다
learn 배우다

출제 포인트 7

복합관계대명사
- ✓ whoever, whomever, whatever, whichever
- ✓ 명사절과 부사절에서 모두 사용됨

복합관계대명사 ☆ 복합관계대명사와 의문사를 구분하는 문제로 출제!

whoever 누구든 간에	whomever 누구든 간에
whatever 무엇이든 간에	whichever 어느 것이든 간에

① 복합관계대명사는 '선행사 + 관계대명사'이므로 앞에 선행사가 올 수 없음

whoever = anyone who　　　　　　　whomever = anyone whom
whatever = anything that　　　　　　whichever = any + 명사 + that

2 복합관계대명사는 명사절과 부사절을 모두 이끌 수 있음 *명사절/부사절일 때 의미가 다름

	명사절을 이끌 때	부사절을 이끌 때
whoever	= anyone who	= no matter who
whatever	= anything that	= no matter what
whichever	= any + 명사 + that	= no matter which

[**Whoever** wants to attend the retirement party] must send an e-mail to my assistant.
　　　　명사절(주어 역할)
은퇴 파티에 참석하고 싶은 사람은 누구든 간에 내 비서에게 이메일을 보내야 한다.

[**Whichever** product you buy], we will deliver it to you.
　　　부사절(수식어 역할)
당신이 어떤 제품을 구입하든, 저희는 당신에게 배달해줄 것입니다.

3 whatever와 whichever는 복합관계형용사로도 쓰임
We will hold a meeting at **whichever** room available. 우리는 이용 가능한 어느 (회의)실에서든 회의를 열 것이다.
　　　　　　　　　　　　명사

기출기반문제

The grant / will be given / to [------- /
　　　　　　　　　　　　전치사
candidate / gives / the most impressive
　명사
business plan proposal].

(A) that　　　(B) who + 불완전한 절
　　　　　전치사의 목적어 불가능
(C) whether　(D) whichever ✓

grant (정부나 단체에서 주는) 보조금
impressive 인상적인
proposal 제안

출제 포인트 8　what vs. that
✓ what + 불완전한 절　✓ that + 완전한 절

- what + 불완전한 절
- that + 완전한 절

The document clarifies **what** a junior accountant is responsible for.
　　　　　　　　　　　　　　불완전한 절
그 문서는 신입 회계사가 책임져야 할 것들을 명시한다.

The interesting feedback is **that** most customers obtain product information online.
　　　　　　　　　　　　　　완전한 절
흥미로운 의견은 대부분의 고객들이 상품 정보를 인터넷에서 얻는다는 것이다.

Review Note

빈칸에 알맞은 내용을 직접 적어보며 복습하세요. (정답 p. 146)

출제포인트 1 등위접속사

① 등위접속사는 [　　] 품사나 구조를 연결한다.
② 등위접속사의 종류: and, or, [　　](=yet), so, for(~때문에)
- and, or, but, yet은 단어와 단어, 구와 구, 절과 절 연결 가능
- [　　]와 [　　]는 절과 절만 연결 가능
- 등위접속사 so vs. 부사절 접속사 because
  ┌ so: 앞에 나오는 절에 [　　], 뒤에 나오는 절에 [　　]
  └ because: 부사절에 원인, 주절에 결과
  *because가 이끄는 부사절은 주절 앞/뒤에 모두 올 수 있지만, so가 이끄는 절은 주절 뒤에만 온다.
③ 등위접속사는 문장 [　　]에 올 수 없다.

출제포인트 2 상관접속사

① 상관접속사는 알맞은 짝을 찾는 문제로 출제되므로 통째로 암기해 두어야 한다.
② 상관접속사의 종류   *A와 B는 대등한 구조여야 함

[　　] A [　　] B A와 B 모두	[　　] A [　　] B A 또는 B 중 하나
[　　] A [　　] B A도 B도 아닌	not A but B A가 아닌 B
[　　] A [　　] (also) B = B as well as A A뿐만 아니라 B도	

③ 상관접속사의 수 일치
both A and B + 복수 동사   either A or B → B에 수 일치
neither A nor B → [　　]에 수 일치   not only A but (also) B → [　　]에 수 일치
B as well as A → [　　]에 수 일치   not A but B → B에 수 일치

출제포인트 3 명사절의 역할

① 주어 자리 *명사절 주어: 단수 취급
② [　　]의 목적어 자리
③ [　　]의 목적어 자리
④ 보어 자리

출제포인트 4 명사절 접속사 that

① that + [　　] 절
② [　　]의 목적어로 쓰일 수 없음
③ [　　]의 목적어 자리에 나오는 that은 생략 가능
④ 동격 접속사 that으로 사용 가능
⑤ that절을 취하는 형용사
be [　　] that ~을 알고 있다   be sorry that ~해서 유감이다   be afraid that ~라니 걱정이다
be certain/convinced/confident/sure that ~을 확신하다   be glad/happy/delighted/pleased that ~라니 기쁘다

출제포인트 5 　명사절 접속사 whether/if

① whether (☐) + 완전한 절 / whether + 완전한 절 (+ ☐): ~할지 말지, ~인지 아닌지
② whether A or B: A든지 B든지
③ whether (or not) + ☐ : ~할지 말지
④ if : whether와 의미가 같지만 ☐ 자리에만 올 수 있음

출제포인트 6 　명사절 접속사: 의문사

① 명사절 접속사로 쓰이는 의문사는 의문대명사, 의문형용사, 의문부사로 나뉜다.

의문대명사	who / whom / what / which + ☐ 절
의문형용사	what / which / whose + ☐ + ☐ 절
의문부사	when / where / how / why + ☐ 절

② '의문사 + to부정사'의 형태로 쓰일 수 있다.

출제포인트 7 　복합관계대명사

① 복합관계대명사

☐ 누구든 간에　　　　　　　whomever 누구든 간에
whatever 무엇이든 간에　　　☐ 어느 것이든 간에

② 복합관계대명사는 '선행사+관계대명사'이므로 앞에 ☐ 가 올 수 없음
whoever= anyone who　　　　whomever= anyone whom
whatever= anything that　　　whichever= any + 명사 + that

③ 복합관계대명사는 명사절과 ☐ 을 모두 이끌 수 있음

	명사절을 이끌 때	☐ 을 이끌 때
whoever	= anyone who	= no matter who
whatever	= anything that	= no matter what
whichever	= any + 명사 + that	= no matter which

출제포인트 8 　what vs. that

① what + ☐ 절
② that + ☐ 절

Unit 13 형용사절 접속사
명사 수식

토익 1회당 출제문항수 0~1 1~2 2~3 3~4 4~5

출제 포인트

1. 관계대명사의 역할과 종류
2. 관계대명사 that
3. 관계대명사의 생략
4. 전치사 + 관계대명사
5. 수량 표현 + of + 관계대명사
6. 관계부사

출제 포인트 1

관계대명사의 역할과 종류
✓ 관계대명사는 앞의 명사를 수식
✓ 소유격 관계대명사의 출제 비중 가장 ↑

1 선행사에 따른 관계대명사의 종류

선행사	주격	목적격	소유격
사람	who	whom/who	whose
사물	which	which	whose
사람/사물	that	that	whose

→ 소유격은 사람/사물 모두 whose 사용!

① 주격 관계대명사 + 불완전한 절(주어 X)

Ms. Baker is a new manager **who** is responsible for maintaining the budgets.
　　　　　　　　　　　　　　　　주어가 없는 불완전한 절

베이커 씨는 예산을 관리하는 책임을 맡은 신임 부장이다.

② 목적격 관계대명사 + 불완전한 절(목적어 X)

Mr. Hampton is one of the clients **whom** I met in Seoul last month.
　　　　　　　　　　　　　　　　　동사 met의 목적어가 없는 불완전한 절

햄튼 씨는 내가 지난달에 서울에서 만난 고객들 중 한 명이다.

③ **소유격 관계대명사 + 명사**
　소유격 관계대명사 + 완전한 절

She met Paul Jenson **whose** old painting she purchased on a flea market.

그녀는 폴 젠슨을 만났는데 그녀는 그의 오래된 그림을 벼룩시장에서 구입했다.

＊ 소유격 관계대명사 + 명사: '~의 명사'라는 의미로 해석

토익에 출제되는 관계대명사 문제 문장 구조

- 선행사 + [주격 관·대 + 동사]
- 선행사 + [목적격 관·대 + 주어 + 타동사]
- 선행사 + [목적격 관·대 + 주어 + 동사 + 전치사]
- 선행사 + [whose + 주어 + 1형식 자동사]
- 선행사 + [whose + 주어 + 동사 + 목적어]
- 선행사 + [whose + 주어 + be p.p.]

기출 기반 문제

Karen / spoke / to a manager [-------- / accepted / her expired coupon].
　　　　　　　　　　　　주어 없는 불완전한 절

(A) after 형/부　　(B) who 관·대
(C) during 형　　(D) lately 부

accept 받다
expire 만료되다

출제 포인트 2 — 관계대명사 that
✓ 콤마나 전치사 뒤에 사용 불가

1 관계대명사 that은 콤마나 전치사 뒤에 올 수 없다.

I worked as a server at a café, **which** was newly opened. 나는 새로 문을 연 카페에서 종업원으로 일했다.
(that X)

The restaurant <u>at</u> **which** all dishes are served with free dessert is always crowded.
(that X)

모든 요리에 무료 디저트를 함께 제공하는 그 레스토랑은 항상 사람들로 붐빈다.

2 who, whom, which 대신 that을 쓸 수 있다. whose 대신 쓸 수는 없음!

3
- 관계대명사 that + 불완전한 절
  The manager approved the proposal **that** I submitted. 매니저는 내가 제출한 제안서를 승인했다.
  (불완전한 절)
- 명사절 접속사 that + 완전한 절
  The manager announced **that** the meeting was canceled. 매니저는 회의가 취소되었다고 알렸다.
  (완전한 절)

기출 기반 문제

The newsletter / describes / a <u>new proposal</u>, ← 콤마
  (사물 선행사)
[------- / was approved / by the board of directors].
  (주어 없는 불완전한 절)

(A) who   (B) that ← 앞에 콤마 있으므로 that은 불가
(C) what   **(D) which**

newsletter 소식지
proposal 제안
approve 승인하다
board of directors 이사회, 임원진

출제 포인트 3 — 관계대명사의 생략
✓ 목적격 관계대명사, '주격 관계대명사 + be동사'는 생략 가능

1 목적격 관계대명사는 생략할 수 있다.

Mr. Hampton is one of the clients **(whom)** I met in Seoul last month.

햄튼 씨는 내가 지난달에 서울에서 만난 고객들 중 한 명이다.

2 '주격 관계대명사 + be동사'는 생략할 수 있다. *반드시 be동사와 함께 생략되어야 함!
- 이 경우 선행사 뒤에 바로 형용사나 분사가 온다.

Cathy attended the job fair **(which was)** held on May 5. 케이시는 5월 5일에 열린 직업 박람회에 참석했다.

출제 포인트 4 — 전치사 + 관계대명사
✓ 전치사 + 관계대명사 + 완전한 문장
✓ 관계대명사 앞에 들어갈 전치사를 묻거나 전치사 뒤에 들어갈 관계대명사가 무엇인지 묻는다.

① 결합하는 두 문장의 공통 명사가 뒷문장에서는 전치사의 목적어로 쓰였을 때 '전치사 + 관계대명사' 형태로 두 문장을 연결할 수 있다.

I found **the box**. + I had put some documents **in the box**.
→ I found the box **which** I had put some documents **in**.
→ I found the box **in which** I put some documents. 나는 몇몇 서류를 넣어두었던 상자를 찾았다.

② 관계대명사 앞에 들어갈 전치사를 묻는 문제가 출제된다.
→ 관계절의 동사 또는 선행사와 어울리는 전치사를 고른다.

③ 전치사 뒤 관계대명사를 묻는 문제가 출제된다.
→ 선행사에 어울리는 관계대명사를 고른다.

The woman to **whom** we sent the job offer e-mail has responded positively.
　　선행사: 사람
우리가 일자리 제안 이메일을 보낸 그 여성은 긍정적으로 답변했다.

[기출기반문제]

The personnel director / conducted / a survey [------ / staff / described / their ideal work environment].
사물 선행사　　　　　완전한 절

(A) who　　(B) that
(C) in which　(D) whose

The personnel director conducted a survey.
+ Staff described their ideal work environment in a survey.

personnel director 인사부장
conduct 수행하다
describe 설명하다
ideal 이상적인
work environment 근무 환경

출제 포인트 5 — 수량 표현 + of + 관계대명사
✓ '수량 표현 + of' 뒤에 관계대명사가 오기 위해서는 반드시 절이 2개 이상 있고, 접속사가 없어야 한다.

① '수량 표현 + of' 뒤에 관계대명사가 오기 위해서는 반드시 절이 2개 이상 있고, 접속사가 없어야 한다.
＊대명사와 관계대명사가 보기에 함께 주어지고 적절한 것을 고르는 문제로 출제!

[We have 20 members], · [all of **whom** are interested in investing in the project].
　절1　　　　접속사 X　　them X　　　　　절2

우리는 20명의 구성원들이 있고, 그들 모두 그 프로젝트에 투자하는 것에 관심이 있다.

[We have 20 members], and [all of **them** are interested in investing in the project].
　절1　　　　접속사　　whom X　　　　　절2

접속사가 있으므로 관계대명사 올 수 X, 앞의 members를 받는 대명사 them O

② '수량 표현 + of' 뒤에 오는 관계대명사는 수량 표현 앞 선행사가 사람이면 whom, 사물이면 which를 쓴다.

선행사 + all/most/some/any/half/many + of + whom 또는 which

콤마가 있어야 함

기출기반문제

Wagner Tech / created / new employee training modules, [most of ------ / are / on the company's Web site].
　　　　　　　　　사물 선행사　　수량 표현　　　　절 2
　　　　　　　　　　　　절 1

(A) whose　　　(B) that
(C) which　　　(D) whom

create 만들어내다
module 모듈(교과의 학습 단위)

출제 포인트 6

관계부사
✓ 관계부사 + 완전한 절
✓ 관계부사와 관계대명사가 보기에 함께 출제된다.

① 선행사에 따른 관계부사의 종류

선행사	관계부사
시간을 나타내는 명사(the time, the day 등)	when
장소를 나타내는 명사(the place, the building 등)	where
이유를 나타내는 명사(the reason)	why
방법을 나타내는 명사(the way)	how

☆ how는 선행사 the way와 함께 쓸 수 없음. 둘 중 하나만 써야 한다.
　when, where, why는 선행사와 함께 쓰여도 되고, 선행사 없이 단독으로 쓰일 수도 있다.

② 관계부사 = 전치사 + 관계대명사

장소를 나타내는 명사 + where = in/at/on/to which
시간을 나타내는 명사 + when = in/on/at which
이유를 나타내는 명사 + why = for which
방법을 나타내는 명사 + how = in which

Please come to the office building **at which** you were interviewed.
　　　　　　　　　　　　　　　　　= where
당신이 면접을 본 사무실 건물로 오세요.

③ ┬ 관계부사 + 완전한 절
　 ├ 전치사 + 관계대명사 + 완전한 절
　 └ 관계대명사 + 불완전한 절(소유격은 예외, 소유격 관계대명사 + 완전한 절)

※ 보기에 관계부사와 관계대명사가 함께 제시되므로 빈칸 뒤의 구조를 보고 답을 고른다!

Review Note

빈칸에 알맞은 내용을 직접 적어보며 복습하세요. (정답 p. 148)

출제 포인트 1   관계대명사의 역할과 종류

선행사에 따른 관계대명사의 종류

선행사	주격	목적격	소유격
사람	☐	☐/who	☐
사물	which	☐	whose
사람/사물	that	that	whose

① 주격 관계대명사 + ☐ 절(주어 X)
② 목적격 관계대명사 + ☐ 절(목적어 X)
③ 소유격 관계대명사 + ☐ /완전한 절

출제 포인트 2   관계대명사 that

① 관계대명사 that은 ☐ 나 ☐ 뒤에 올 수 없다.
② who, whom, which 대신 that을 쓸 수 있다.
③ ─ 관계대명사 that + ☐ 절
   └ 명사절 접속사 that + ☐ 절

출제 포인트 3   관계대명사의 생략

① ☐ 관계대명사는 생략할 수 있다.
② '☐ 관계대명사 + ☐ '는 생략할 수 있다.   *반드시 be동사와 함께 생략되어야 함!
- 이 경우 선행사 뒤에 바로 형용사나 분사가 온다.

출제 포인트 4   전치사 + 관계대명사

① 결합하는 두 문장의 공통 명사가 뒷문장에서는 전치사의 목적어로 쓰였을 때 '전치사+관계대명사' 형태로 두 문장을 연결할 수 있다.
I found **the box**. + I had put some documents **in the box**.
→ I found the box **which** I had put some documents **in**.
→ I found the box **in which** I put some documents. 나는 몇몇 서류를 넣어두었던 상자를 찾았다.

② 관계대명사 앞에 들어갈 전치사를 묻는 문제가 출제된다.
→ 관계절의 ☐ 또는 선행사와 어울리는 전치사를 고른다.

③ 전치사 뒤 관계대명사를 묻는 문제가 출제된다.
→ ☐ 에 어울리는 관계대명사를 고른다.

출제 포인트 5 수량 표현 + of + 관계대명사

① '수량 표현 + of' 뒤에 관계대명사가 오기 위해서는 반드시 절이 2개 이상 있고, [　　　]가 없어야 한다.

＊대명사와 관계대명사가 보기에 함께 주어지고 적절한 것을 고르는 문제로 출제!

[We have 20 members], · [all of whom are interested in investing in the project].
　　절 1　　　　　　　　　　them X　　　　　　　　　절 2

우리는 20명의 구성원들이 있고, 그들 모두 그 프로젝트에 투자하는 것에 관심이 있다.

[We have 20 members], and [all of them are interested in investing in the project].
　　절 1　　　　　　접속사　　whom X　　　　　　　　절 2

② '수량 표현 + of' 뒤에 오는 관계대명사는 수량 표현 앞 선행사가 사람이면 [　　　], 사물이면 [　　　]를 쓴다.

선행사, + all/most/some/any/half/many + of + whom 또는 which

출제 포인트 6 관계부사

① 선행사에 따른 관계부사의 종류

선행사	관계부사
시간을 나타내는 명사(the time, the day 등)	[　　]
장소를 나타내는 명사(the place, the building 등)	[　　]
이유를 나타내는 명사(the reason)	[　　]
방법을 나타내는 명사(the way)	[　　]

☆ how는 선행사 [　　　]와 함께 쓸 수 없음. 둘 중 하나만 써야 한다.
　when, where, why는 선행사와 함께 쓰여도 되고, 선행사 없이 단독으로 쓰일 수도 있다.

② 관계부사 = [　　　] + 관계대명사

장소를 나타내는 명사 + where = in/at/on/to which
시간을 나타내는 명사 + when = in/on/at which
이유를 나타내는 명사 + why = for which
방법을 나타내는 명사 + how = in which

③ ┌ 관계부사 + [　　　] 절
　├ 전치사 + 관계대명사 + [　　　] 절
　└ 관계대명사 + 불완전한 절(소유격은 예외, 소유격 관계대명사 + 완전한 절)

＊ 보기에 관계부사와 관계대명사가 함께 제시되므로 빈칸 뒤의 구조를 보고 답을 고른다!

Unit 14 부사절 접속사

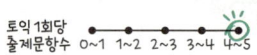

출제 포인트
1. 접속사 vs. 전치사 vs. 부사의 구분
2. 부사절 접속사의 종류
3. 부사절 접속사 + -ing/-ed(p.p.)
4. 복합관계부사

출제 포인트 1 접속사 vs. 전치사 vs. 부사의 구분
✓ 접속사, 전치사, 부사가 보기에 섞여서 제시되므로 문장 구조를 파악하여 품사를 선택해야 한다.

① 접속사 vs. 전치사 vs. 부사를 구분하는 문제가 자주 출제됨! → 품사 문제!
- 접속사 + 주어 + 동사, 주어 + 동사~ / 주어 + 동사 ~ 접속사 + 주어 + 동사
- 전치사 + 명사/동명사/명사절
- 부사: 수식하는 역할만 가능, 문장을 연결할 수 X
- 주어 + 동사. 접속부사, 주어 + 동사

② 의미가 비슷한 접속사와 전치사 ☆

	접속사 (+ 주어 + 동사)	전치사 (+ 명사)
시간	when/as ~하는 동안, ~할 때 while ~하는 동안 as soon as ~하자마자 once 일단 ~하면 by the time ~할 때쯤에	during ~동안 by ~까지 following ~한 후에 prior to ~전에
이유	because/since/now that/as ~이기 때문에	because of/due to/owing to/ on account of ~때문에 thanks to ~덕분에
조건	provided[providing] (that)/assuming (that)/ supposing (that) / if ~한다면 unless ~가 아니라면 as long as ~하는 한 only if ~하는 경우에만	without ~없이 in case of ~의 경우에 in the event of ~의 경우에
양보	although/though/even if/even though ~에도 불구하고 while/whereas ~인 반면에	despite / in spite of / notwithstanding ~에도 불구하고

Because he earned the certificate, he was able to apply for the position.
접속사   완전한 문장

Thanks to the certificate, he was able to apply for the position.
전치사   명사
자격증을 획득한 덕분에, 그는 그 직책에 지원할 수 있었다.

3 접속사와 전치사로 모두 사용되는 어휘

접속사/전치사일 때 의미가 같은 단어	접속사/전치사일 때 의미가 다른 단어
before ~전에 after ~후에 until ~까지 like ~처럼	since [접속사] ~한 이래로, ~이기 때문에 　　　[전치사] (과거 시점) 이래로 as　　[접속사] ~이기 때문에, ~할 때, ~함에 따라, ~처럼 　　　[전치사] ~로서 for　 [접속사] ~이기 때문에 (문장 사이에 쓰일 때) 　　　[전치사] ~을 위하여, ~에 대하여

We should look for a replacement **before** Julian resigns. 줄리안이 사임하기 전에 후임자를 찾아야 한다.
　　　　　　　　　　　　　　　　　접속사　　완전한 문장

Don't forget to lock the door **before** leaving the office. 퇴근하기 전에 문을 잠그는 것을 잊지 마세요.
　　　　　　　　　　　　　　　전치사　　동명사구(명사 역할)

기출기반문제

------ / Ms. Collier / completed / her
　　　　　　　　　절 1
graduate degree, she / applied / for a
　　　　　　　　　　　　절 2
management position.

(A) Once 접속사　　(B) Despite 전치사
(C) Only 형/부　　　(D) With 전치사

complete 완료하다
graduate degree 석사 학위
apply 지원하다
management 경영, 관리

출제 포인트 2 부사절 접속사의 종류
✓ 부사절 접속사는 종류가 많으므로 의미와 함께 암기해 두자.

1 시간 접속사

when ~할 때	after ~한 후에	before ~하기 전에	as soon as ~하자마자
once 일단 ~하면	while ~하는 동안	until ~할 때까지	as ~할 때, ~함에 따라
since ~한 이래로	by the time ~할 때쯤이면		

Since Ms. Kelly transferred to the Boston branch, she has worked as a regional manager.
켈리 씨가 보스턴 지사로 전근 간 이래로 그녀는 지부장으로 일했다.

* since가 시간 접속사로 사용되면 시간 부사절에는 과거 시제, 주절에는 현재완료 시제 사용

2 이유 접속사

| because ~이기 때문에 | since ~이기 때문에 | as ~이기 때문에 | now that ~이기 때문에 |

Since he is a newly hired intern, he will sort incoming mails.
그는 신규 채용된 인턴이기 때문에, 들어오는 우편물을 분류할 것이다.

* since가 이유 접속사로 사용될 경우에는 시간 접속사로 쓰일 때와 달리 주절과 부사절의 시제가 다양하게 사용 가능

3 양보 접속사

although 비록 ~이지만   though 비록 ~이지만   even if 비록 ~이지만   even though 비록 ~이지만
whereas ~한 반면에   while ~한 반면에

양보 부사절과 주절의 내용은 항상 반대되는 내용이어야 한다.

Although this product is newly introduced, it is quite similar with the old version.
상반되는 내용

이 제품은 새로 출시되었지만 이전 버전과 매우 비슷하다.

4 조건 접속사

if ~라면   providing (that) ~라면   provided (that) ~라면   supposing (that) ~라면   assuming (that) ~라면
unless ~이 아니라면

I will contact you immediately **if** I find any errors in the document.
문서에서 어떠한 오류라도 발견하면 당신에게 즉시 연락하겠습니다.

*조건 부사절과 주절이 모두 미래의 일을 의미할 경우, 부사절에는 현재 시제, 주절에는 미래 시제 사용

5 목적 접속사

so that ~하기 위해서   in order that ~하기 위해서

Betty goes to the gym every morning **so that** she can stay healthy.
베티는 건강을 유지할 수 있도록 매일 아침 체육관에 간다.

* so that이 이끄는 절은 보통 주절 뒤에 오며, 조동사 can/could와 함께 쓰인다.

6 결과 접속사

so + 형용사/부사 + that 그 결과 that절 하게 되다
such + 명사 + that 그 결과 that절 하게 되다

The letters were **so small that** I needed a magnifier. 글씨가 매우 작아서 나는 돋보기가 필요했다.

The new TV has **such a wide screen that** it is the most expensive on the market.
새 TV는 매우 큰 화면을 가지고 있어서 시장에서 가장 비싸다.

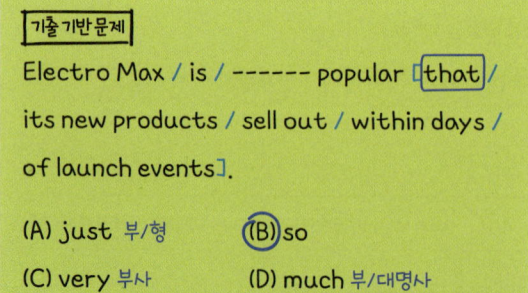

[기출기반문제]
Electro Max / is / ------ popular [that] / its new products / sell out / within days / of launch events].

(A) just 부/형   (B) so
(C) very 부사   (D) much 부/대명사

sell out 다 팔리다
within ~이내에
launch 출시; 출시하다

출제포인트 3 — 부사절 접속사 + -ing/-ed(p.p.)
✓ 접속사 뒤에 분사구문이 오는 형태가 출제된다.

1 부사절 접속사 + 문장 → **부사절 접속사 + -ing/-ed(p.p.)**의 형태로 축약 가능
   - 동사가 능동일 때 → -ing
   - 수동일 때 → -ed(p.p.)

When you book a flight, be sure to compare the rates on different Web sites.
→ **When booking a flight, ~**
(당신이) 항공편을 예약할 때, 서로 다른 웹사이트에서 반드시 요금을 비교해 보세요.

2 **접속사에 따른 축약 형태**

① When + -ing/-ed(p.p.) ~할 때: When giving a presentation, ~ 연설을 할 때 ~
   When revealed to the public, ~ 대중에게 공개되었을 때 ~

   While + -ing/-ed(p.p.) ~하는 동안: While reviewing the reports, ~ 보고서를 검토하는 동안

② Before/After/Since + -ing/being p.p. ~하기 전에/후에/이래로
   Before[After] submitting the proposal, ~ 제안서를 제출하기 전에[후에] ~

③ as/if/once/unless/though/although/even though/even if + p.p.
   ~한 대로/~라면/일단 ~하면/~하지 않는 이상/~임에도 불구하고
   As mentioned earlier, ~ 앞서 언급한 대로 ~

[기출 기반 문제]

[------- / (applying) / for a position],
       (현재분사)
candidates / should edit / their résumé /
to fit / the job description.

(A) Although   (B) So that
(C) When   (D) Since

- edit 편집하다
- résumé 이력서
- fit ~에 맞다
- job description 직무 기술서

출제포인트 4 — 복합관계부사
✓ 복합관계부사는 부사절 접속사이다.

1 복합관계부사: whenever(=no matter when), wherever(=no matter where), however(=no matter how)

2 복합관계부사 + 완전한 문장

3 **however**

① 뒤에 형용사/부사가 바로 나올 수 있음
   We will find a solution **however** long it will take. 아무리 오래 걸리더라도 우리는 해결책을 찾을 것이다.

② '그러나'라는 의미의 접속부사로 더 자주 출제됨

Review Note

빈칸에 알맞은 내용을 직접 적어보며 복습하세요. (정답 p. 150)

출제포인트 1 접속사 vs. 전치사 vs. 부사의 구분

① 접속사 vs. 전치사 vs. 부사를 구분하는 문제가 자주 출제됨! → 품사 문제!
- [ ] + 주어 + 동사, 주어 + 동사 ~ / 주어 + 동사 ~ [ ] 주어 + 동사
- [ ] + 명사/동명사/명사절
- [ ] : 수식하는 역할만 가능, 문장을 연결할 수 X
- 주어 + 동사. 접속부사, 주어 + 동사

② 의미가 비슷한 접속사와 전치사

	접속사 (+ 주어 + 동사)	전치사 (+ 명사)
시간	when/as ~하는 동안, ~할 때 while ~하는 동안 as soon as ~하자마자 [ ] 일단 ~하면 by the time ~할 때쯤에	during ~동안 by ~까지 following ~한 후에 prior to ~전에
이유	because/ [ ] /now that/as ~때문에	because of / due to / owing to / on account of ~때문에 thanks to ~덕분에
조건	provided[providing] (that) / assuming (that) / supposing (that) / if ~한다면 [ ] ~가 아니라면 as long as ~하는 한 only if ~하는 경우에만	[ ] ~없이 in case of ~의 경우에 in the event of ~의 경우에
양보	[ ] /though/even if/even though ~에도 불구하고 while/whereas ~인 반면에	[ ] / in spite of / notwithstanding ~에도 불구하고

③ 접속사와 전치사로 모두 사용되는 어휘

접속사/전치사일 때 의미가 같은 단어	접속사/전치사일 때 의미가 다른 단어
before ~전에 after ~후에 until ~까지 like ~처럼	[ ] [접속사] ~한 이래로, ~이기 때문에 　　　 [전치사] (과거 시점) 이래로 [ ] [접속사] ~이기 때문에, ~할 때, ~함에 따라, ~처럼 　　　 [전치사] ~로서 [ ] [접속사] ~이기 때문에 (문장 사이에 쓰일 때) 　　　 [전치사] ~을 위하여, ~에 대하여

출제 포인트 2 부사절 접속사의 종류

① 시간 접속사

[____] ~할 때	after ~한 후에	before ~하기 전에	as soon as ~하자마자
once 일단 ~하면	[____] ~하는 동안	[____] ~할 때까지	as ~할 때, ~함에 따라
since ~한 이래로	[____] ~할 때쯤이면		

② 이유 접속사

because ~이기 때문에   since ~이기 때문에   as ~이기 때문에   now that ~이기 때문에

③ 양보 접속사

although 비록 ~이지만   though 비록 ~이지만   even if 비록 ~이지만   even though 비록 ~이지만
whereas ~한 반면에   while ~한 반면에

④ 조건 접속사

if ~라면   providing (that) ~라면   provided (that) ~라면   supposing (that) ~라면   assuming (that) ~라면
unless ~이 아니라면

⑤ 목적 접속사

so that ~하기 위해서   [____] ~하기 위해서

⑥ 결과 접속사

[____] + 형용사/부사 + that 그 결과 that절 하게 되다
[____] + 명사 + that 그 결과 that절 하게 되다

출제 포인트 3 부사절 접속사 + -ing/-ed(p.p.)

① 부사절 접속사 + 문장 → 부사절 접속사 + -ing/-ed(p.p.)의 형태로 축약 가능
② 접속사에 따른 축약 형태

[____] + -ing/-ed(p.p.) ~할 때   [____] + -ing/-ed(p.p.) ~하는 동안

Before/After/Since + -ing/being p.p. ~하기 전에/후에/이래로
as/ if/once/unless/ though/although/even though/even if + p.p.
~한 대로/~라면/일단 ~하면/~하지 않는 이상/~임에도 불구하고

출제 포인트 4 복합관계부사

① 복합관계부사: [____] (=no matter when), [____] (=no matter where), however(=no matter how)
② 복합관계부사 + [____] 문장
③ [____]
- 뒤에 형용사/부사가 바로 나올 수 있음
- '그러나'라는 의미의 접속부사로 더 자주 출제됨

Unit 15 비교 구문

출제 포인트
1. 원급 비교   2. 비교급   3. 최상급   4. 비교급/최상급 관용 표현

출제 포인트 1 — 원급 비교
✓ as - as 사이에 형용사가 들어갈지 부사가 들어갈지 구분할 수 있어야 한다.

1 형태: as 형용사/부사의 원급 as ~만큼 -한/-하게
　　　　not as 형용사/부사의 원급 as ~만큼 -하지 않은/하지 않게

① 보어가 없는 불완전한 절 + as 형용사 as

The new laptop model is not **as light as** the existing one. 새 노트북 모델은 기존의 것만큼 가볍지 않다.
　be동사 is의 보어 없음　　　　　　형용사

② 완전한 절 + as 부사 as

The transition to the new accounting system proceeded **as smoothly as** planned.
　　　　　　　완전한 절　　　　　　　　　　　　　　　　부사
새 회계 시스템으로의 전환은 계획된 만큼 순조롭게 진행되었다.

③ as ~ as 사이에 명사가 올 때는 수량형용사가 함께 쓰인다.

- **as many + 복수 명사 + as** ~만큼 많은 '명사'　☆ as many와 as much가 함께
- **as much + 불가산 명사 + as**　　　　　　　　보기에 제시되므로 둘을 구분하기!

- as few + 복수 명사 + as ~만큼 적은 '명사'
- as little + 불가산 명사 + as

During the charity dinner, we must raise **as much funds as** we did last year.
자선 만찬 동안에 우리는 작년에 그랬던 것만큼 많은 기금을 모아야 한다.

2 원급을 수식하는 부사: as ~ as 앞에 위치

| nearly 거의 | almost 거의 | **just** 딱, 꼭 | very 매우 |

　　　　　　　　　　　가장 자주 출제!

[기출기반문제]　　보어 없는 불완전한 절

Charles Herington's third sequel / of
Mysterious Man / has been / **as** ------- /
　　　　　　　　　　　　　　　　　　형용사
as the second one.

(A) profits 명　　(B) profitable 형
(C) profit 명　　(D) profitably 부

sequel 속편
profit 이익, 수익
profitable 수익성이 있는

출제 포인트 2

비교급
- ✓ 비교급 강조부사의 출제 빈도가 높다.
- ✓ 라틴어 비교급(prior/superior/inferior)은 than 대신 to를 사용한다.

1 형태: [1음절 단어] 형용사/부사의 -er + than ~보다 더 -한/더 -하게

easy → easier, strong → stronger

[2음절 이상의 긴 단어] more 형용사/부사 than

convenient → more convenient

less 형용사/부사 than ~보다 덜 -한/덜 -하게

① 보어가 없는 불완전한 절 + more 형용사 than

The prices of lunch specials at Fast Diners are **more reasonable than** Vincent Seafood.
　　　　　　　　　　　　　　be동사 is의 보어 없음　　　　　　　　　　　형용사

패스트 다이너스의 점심 특선 가격은 빈센트 씨푸드보다 더 합리적이다.

② 완전한 절 + more 부사 than

This computer runs **more efficiently than** any other system.
　　　완전한 절　　　　　　　　　부사

이 컴퓨터는 다른 어떤 시스템보다 더 효율적으로 작동한다.

③ 불완전한 절 + more + 가산 복수/불가산 명사 than 더 많은 '명사'

불완전한 절 + fewer + 가산 복수 명사 than 더 적은 '명사'

불완전한 절 + less + 불가산 명사 than 더 적은 '명사'

We provide **more shipping options than** Davidson Office Supplies.
　불완전한 절　　　　가산 복수 명사

우리는 데이비드슨 사무용품 사보다 더 많은 배송 옵션을 제공합니다.

The store has **fewer employees than** they did last year. 그 상점은 작년보다 더 적은 직원이 있다.
　불완전한 절　　　　가산 복수 명사

2 비교급 강조 표현: 비교급 앞에 위치

(much / even) / still / far / a lot / by far 훨씬

→ 출제 빈도 ↑

The new design is **much** more sophisticated than our competitor's.

새 디자인은 우리 경쟁사의 것보다 훨씬 더 정교하다.

* significantly / considerably / substantially(상당히) 도 비교급을 강조할 수 있다.

3 라틴어 비교급: -or로 끝나며 than 대신 to 사용

| prior to ~보다 먼저 | superior to ~보다 우수한 | inferior to ~보다 열등한 |

The quality of our waterproof jacket is **superior to** that of other brands.

우리의 방수 재킷의 품질은 다른 브랜드들의 것보다 더 우수하다.

4 the + 비교급~, the + 비교급 ~하면 할수록 더 -하다
The harder we work, **the more successful** we become. 우리가 더 열심히 일할수록 더 성공적이게 될 것이다.

출제포인트 3 | 최상급
✓ 최상급은 반드시 최상급이 속한 범위, 범주와 함께 사용해야 한다.

1 형태: [1음절 단어] the/소유격 + 형용사/부사 -est 가장 ~한
　　　　　　　　　　easy → easiest, fast → fastest
　　　　[2음절 이상의 단어] the/소유격 + most + 형용사/부사
　　　　　　　　　　convenient → the most convenient, spacious room → their most spacious room
　　　the/소유격 + least + 형용사/부사 가장 덜 ~한

＊ 부사의 최상급에는 the를 쓰지 X

significantly 상당히 → contributed • most significantly to ~에 가장 많이 기여했다
　　　　　　　　　　　　　　　　↑
　　　　　　　　　　　　　　　the X

2 **최상급은 반드시 최상급이 속한 범위, 범주와 함께 사용해야 한다.**
among ~사이에서　　out of ~중에서　　of all 모든 ~중에서　　in ~에서　　ever 지금까지 가장 ~한
→ 문장에 이 표현 중 하나가 있으면 최상급이 정답!

Mr. Cooper contributed **most significantly** to the success of the new product among the managers.
쿠퍼 씨는 매니져들 중에서 신제품의 성공에 있어 가장 많이 기여했다.

3 최상급 강조 표현
① 강조 부사: 최상급 앞에 위치
by far / very / quite / much / even 단연코

＊ simply/only도 최상급을 강조할 수 있다.

The Rowling's Stadium has become **by far** the most famous attraction in the city.
로울링 경기장은 단연코 시에서 가장 유명한 명소가 되었다.

② **강조 표현: 최상급 뒤에 위치**
the + 최상급 + ever 지금까지 가장 ~한　　　　the + 최상급 + possible 가능한 가장 ~한
the + single + 최상급 단일로는 가장 ~한

기출기반문제

Islander Landscaping / offers / the most
------- prices / in the Honolulu area.
　　　　　　　　　　　　범주 표시

(A) competitiveness 명　(B) competitively 부
(C) competitive 형　　　(D) competing 현재분사

landscaping 조경
competitive 경쟁력 있는
+ market / compensation / wages
　시장　　　보상　　　임금

출제 포인트 4 — 비교급/최상급 관용 표현
√ 비교급 숙어 표현이 종종 출제되며, 문법적으로 구별하기보다는 암기해야 한다.

1 비교급 관용 표현

no later than 늦어도 ~까지 = by + 시점	than ever 전보다
more than 숫자/시간 표현 ~이상	no longer 더 이상 ~하지 않는
A rather than B B보다는 A	other than ~이외에
no sooner A than B A 하자마자 B하다	

Your application must be received **no later than** July 25. 당신의 지원서는 늦어도 구월 25일까지 제출되어야 합니다.

2 최상급 관용 표현

at least 적어도	at the latest 늦어도	at the earliest 빨라도
at your earliest convenience 가급적 빨리		most likely the + 명사 가장 가능성이 큰 ~

Please allow **at least** three business days to complete your special request.
귀하의 특별 요청이 완료되기 위해서는 적어도 3일의 영업일이 필요합니다.

기출기반문제

[Due to / growing environmental concerns],
our café / ------ / uses plastic straws.

(A) even 부사/형용사　(B) despite of 전치사
　　　　　　　　　빈칸 뒤 동사 → 가장 먼저 제외
(C) in advance 숙어　(D) no longer 숙어

growing 증가하는
concern 우려
straw 빨대
in advance 미리

Review Note

빈칸에 알맞은 내용을 직접 적어보며 복습하세요. (정답 p. 152)

출제포인트 1 원급 비교

① 형태: [　　] 형용사/부사의 원급 [　　] ~만큼 -한/-하게
[　　] as 형용사/부사의 원급 as ~만큼 -하지 않은/하지 않게

② 보어가 없는 불완전한 절 + as [　　] as

③ 완전한 절 + as [　　] as

④ as ~ as 사이에 명사가 올 때는 수량형용사가 함께 쓰인다.
- as many + 복수 명사 + as ~만큼 많은 '명사'
- as much + [　　] 명사 + as
- as few + [　　] 명사 + as ~만큼 적은 '명사'
- as little + 불가산 명사 + as

⑤ 원급을 수식하는 부사: as ~ as 앞에 위치

nearly 거의   [　　] 거의   [　　] 딱, 꼭   very 매우

출제포인트 2 비교급

① 형태: [1음절 단어] 형용사/부사의 -er + than ~보다 더 -한/더 -하게
[2음절 이상의 긴 단어] [　　] 형용사/부사 than
[　　] 형용사/부사 than ~보다 덜 -한/덜 -하게

② 보어가 없는 불완전한 절 + more [　　] than

③ 완전한 절 + more [　　] than

④ 불완전한 절 + more + 가산 복수/불가산 명사 than   더 많은 '명사'
불완전한 절 + [　　] + 가산 복수 명사 than   더 적은 '명사'
불완전한 절 + less + 불가산 명사 than   더 적은 '명사'

⑤ 비교급 강조 표현: 비교급 [　　] 에 위치

much / even / still / far / a lot / by far 훨씬

* significantly / considerably / substantially도 비교급을 강조할 수 있다.

⑥ 라틴어 비교급: -or로 끝나며 than 대신 [　　] 사용

[　　] to ~보다 먼저   [　　] to ~보다 우수한   inferior to ~보다 열등한

⑦ the + 비교급~, the + 비교급 ~하면 할수록 더 -하다

출제 포인트 3   최상급

① 형태: [1음절 단어] the/소유격 + 형용사/부사 -est   가장 ~한
　　　　[2음절 이상의 단어] the/소유격 + [　　] + 형용사/부사
　　　　the/소유격 + [　　] + 형용사/부사   가장 덜 ~한
　* 부사의 최상급에는 the를 쓰지 X

② 최상급은 반드시 최상급이 속한 범위, 범주와 함께 사용해야 한다.

| among ~사이에서 | out of ~중에서 | [　　] 모든 ~중에서 | in ~에서 | [　　] 지금까지 가장 ~한 |

③ 최상급 강조 표현
- 강조 부사: 최상급 [　　]에 위치

by far / very / quite / much / even 단연코

* simply/only도 최상급을 강조할 수 있다.

- 강조 표현: 최상급 [　　]에 위치

the + 최상급 + ever 지금까지 가장 ~한　　　　the + 최상급 + [　　] 가능한 가장 ~한
the + [　　] + 최상급 단일로는 가장 ~한

출제 포인트 4   비교급/최상급 관용 표현

① 비교급 관용 표현

[　　] 늦어도 ~까지 = by + 시점　　　　than ever 전보다
more than 숫자/시간 표현 ~이상　　　　no longer 더 이상 ~하지 않는
A [　　] B B보다는 A　　　　[　　] ~이외에
no sooner A than B A 하자마자 B하다

② 최상급 관용 표현

[　　] 적어도　　　at the [　　] 늦어도　　　at the earliest 빨라도
at your [　　] convenience 가급적 빨리　　　most likely the + 명사 가장 가능성이 큰 ~

영단기 토익
만점자 필기노트
PART 5 문법

Review Note
빈칸 정답

이렇게 활용하세요

1. 각 Unit의 Review Note 빈칸을 먼저 스스로 채워본 후, 답을 맞춰보세요.
2. 빈칸을 절반 이상 채우지 못했다면 다시 해당 Unit으로 돌아가 복습하세요.
3. 빈칸 정답이 채워진 Review Note는 그 자체로 각 Unit의 요약본이 되므로 시험 직전 이 부분만 훑어보며 마무리 하세요.

Unit 01 명사 — Review Note

출제 포인트 1 명사의 역할

① 주어 역할 - 뒤에 동사가 바로 오거나 수식어구 가 주어-동사 사이에 위치함
② 목적어 역할 ┬ 타동사 의 목적어
　　　　　　　└ 전치사 의 목적어
③ 보어 역할 - 주격 보어(주어=보어), 목적격 보어(목적어=보어)

출제 포인트 2 명사가 들어가는 위치

① 관사(a / an / the) 뒤 '관사 + ------- + 전치사'의 형태로 주로 출제
② 소유격 뒤 - my, your, his, her, its, our, their / 일반 명사 또는 고유 명사 + 's
③ 형용사 뒤 '(관사/소유격) + 형용사 + -------'의 형태로 주로 출제

출제 포인트 3 명사의 형태

① 명사 어미

어미	예시	어미	예시
-tion/-sion	satisfaction 만족	-ance/-ence	assurance 확신
-ment	agreement 동의, 합의	-cy/-ty	occupancy 점유, 사용
-ness	decisiveness 단호함	-al	approval 승인
-er	employer 고용주	-sure/-dure	procedure 절차
-ist	journalist 기자	-cian	politician 정치인

② 예외적인 어미를 가진 명사

-tive: 형용사/명사　representative 대표적인/대표자, 직원　alternative 대안의 / 대안　objective 객관적인/목적
-al: 형용사/명사　potential 잠재적인 / 잠재력　normal 보통의/보통　original 원본의/원본

③ 동사=명사 형태가 동일한 어휘

| visit 방문하다/방문 | request 요청하다/요청 | function 기능하다 /기능 | support 지지하다/지원 |
| record 기록하다 / 기록 | delay 지연되다/지연 | charge 청구하다/청구금 | offer 제공하다 /제의, 제안 |

출제 포인트 4 가산 명사 vs. 불가산 명사

	가산 명사	불가산 명사
쓰이는 형태	- a/an/the/소유격 + 가산 명사 - 가산 명사 + -s/-es	- the/소유격 + 불가산 명사 (a/an과 쓸 수 X) - 복수 형태로 쓸 수 X - 명사 단독 사용 가능
빈출 명사	- 돈/금액 관련 명사 　a refund / refunds 환불　the price / prices 가격 　a discount / discounts 할인　the rate / rates 요금 　a benefit / benefits 혜택, 수당　the profit / profits 이익, 수익 - 규정/규칙 관련 명사 　a regulation / regulations 규제　a procedure / procedures 절차 　a standard / standards 기준 　a rule / rules 규칙　an instruction / instructions 지시사항	advice 조언　access 접근, 이용 information 정보　notice 통지 equipment 장비　consent 동의 luggage/baggage 짐 news 뉴스, 소식　merchandise 상품, 물품 compliance 준수　clothing 의류

- 사람을 나타내는 모든 명사
an employee / employees 직원   a consultant / consultants 자문가
a representative / representatives 직원

출제 포인트 5   의미나 형태가 비슷한 가산/불가산 명사의 구분

가산 명사	-	불가산 명사	가산 명사	-	불가산 명사
product/item/goods 물건, 상품	-	merchandise 상품	approach 접근(법)	-	access 접근, 이용
permit 허가증	-	permission 허가, 허락	survey 조사	-	research 연구
certificate 수료증, 증명서	-	certification 증명	machine 기계	-	machinery 기계류
fund 자금	-	funding 자금, 재정 지원	account 계좌, 계정	-	accounting 회계

출제 포인트 6   사람 명사 vs. 사물/추상 명사

① 사람 명사는 앞에 관사 가 있거나 복수형 으로 써야 함
② 사람 명사 ― 사물/추상 명사

an applicant / applicants 지원자 ― application 지원
an employer / employers 고용주 ― an employee / employees 직원 ― employment 고용
an analyst / analysts 분석가 ― analysis 분석
an assistant / assistants 조수 ― assistance 도움
a contributor / contributors 공헌자 ― contribution 공헌
a supervisor / supervisors 상사, 감독관 ― supervision 관리, 지도, 감독
a journalist / journalists 기자 ― a journal / journals 잡지 ― journalism 언론
a founder / founders 설립자 ― foundation 토대
a distributor / distributors 유통업체, 유통업자 ― distribution 배급, 유통
an attendant / attendants 종업원 ― an attendee / attendees 참석자 ― attendance 참석, 참석자 수
a representative / representatives 직원, 대표자 ― representation 대표
an investor / investors 투자자 ― investment 투자
a commuter / commuters 통근자 ― commuting 통근
a user / users 사용자 ― use / usage 사용
a resident / residents 거주자 ― residence 주택, 거주
a negotiator / negotiators 협상가 ― negotiation 협상, 교섭

출제 포인트 7   복합 명사 (명사1 + 명사2)

① 명사 1 부분이 주로 빈칸으로 출제 ☆ 형용사/분사 자리인지 명사 자리인지 구별해야 함!
② 복합 명사의 복수형: 명사 2에 -(e)s 붙임
③ 복합 명사에서 명사 1은 주로 단수이지만 복수 형태가 오는 단어도 있음

customs office 세관   earnings growth 수익 증가   savings account/plan 예금 계좌/상품   sales representative 영업 사원

④ 빈출 복합 명사

application form 신청서	reference letter 추천서	job opportunity 직무 기회
customer satisfaction 고객 만족	safety regulations 안전 규정	job vacancy 공석
expansion project 확장 계획	building permit 건축 허가	attendance records 출석률
travel arrangement 출장(여행) 준비	payment option 지불 옵션	meal preference 식사 선호도
performance evaluation 업무 성과 평가	expiration date 만기일	clearance sale 정리 세일
safety inspection 안전 점검	construction site 건축 부지	sales figures 매출액
maintenance work 유지보수 작업	office supplies 사무용품	employee performance 직원 실적

Unit 02 대명사　　　　　　　　　　　　　　　　　　　Review Note

출제 포인트 1　인칭대명사의 종류

인칭	수/성		주격 (은,이,가)	소유격 (~의)	목적격 (~을)	소유대명사 (~의 것)
1인칭	단수		I	my	me	mine
	복수		we	our	us	ours
2인칭	단수/복수		you	your	you	yours
3인칭	단수	남성	he	his	him	his
		여성	she	her	her	hers
		사물	it	its	it	-
	복수		they	their	them	theirs

출제 포인트 2　인칭대명사의 위치

① 주격: 주어 자리
② 소유격: 명사 앞 - '소유격 + 형용사 + 명사', '소유격 + own + 명사'의 구조도 가능
③ 목적격: 타동사 의 목적어 또는 전치사 의 목적어 자리
④ 소유대명사(소유격 + 명사): 주어, 목적어, 보어 자리

출제 포인트 3　재귀대명사

인칭	수/성		재귀대명사
1인칭	단수		myself
	복수		ourselves
2인칭	단수		yourself
	복수		yourselves
3인칭	단수	남성	himself
		여성	herself
		사물	itself
	복수		themselves

① 재귀 용법: 주어= 목적어 일 때 목적어 자리에 재귀대명사를 씀 - 재귀 용법으로 쓰인 재귀대명사는 생략 불가
- 재귀대명사 숙어 표현

devote oneself to ~에 헌신하다	familiarize oneself to ~에 익숙하게 하다
commit oneself to ~에 전념하다	help oneself to ~을 마음껏 먹다
dedicate oneself to ~에 몰두하다, 헌신하다	distinguish oneself 두각을 나타내다

＊ 동사 뒤에 빈칸이 있고 보기에 재귀대명사가 있으면 주어=목적어인지 확인하기!

② 강조 용법: 주어나 목적어가 한 행위를 강조할 때 강조하는 명사 바로 뒤 또는 문장 맨 뒤에 씀 ('스스로, 직접'의 의미)
- 강조 용법으로 쓰인 재귀대명사는 없어도 완전한 문장 성립

③ 재귀대명사 관용 표현
by oneself 혼자서, 스스로 (alone, on one's own)　of itself 저절로　in itself 자체로, 본질적으로　for oneself 혼자 힘으로

출제포인트 4 　 지시대명사

① that/those + of
- 주로 비교 구문에서 앞에 나온 [명사]를 대신할 때 that/those 사용
- 앞에 나온 명사가 단수이면 [that], 복수이면 [those]
- that/those 뒤에 수식어구가 따라 나옴

② those + who / p.p. / -ing / 전치사구: ~한 사람들
　　those who + [복수] 동사　＊anyone who + 단수 동사와 구분하여 알아두기!

③ this/these - PART 5에서는 주로 지시형용사로 출제됨 (this + 단수 명사, these + 복수 명사)

출제포인트 5 　 부정대명사

1 부정대명사의 종류

부정대명사	품사	수	뜻
[one]	형용사, 대명사	단수	(정해지지 않은) 하나, 하나의
[another]	형용사, 대명사	단수	(앞서 언급한 것을 제외한 정해지지 않은) 또 다른, 또 다른 하나
the other	형용사, 대명사	[단수]	나머지의, 나머지 하나
others	[대명사]	복수	(정해지지 않은) 다른 것들
the others	대명사	복수	(정해진) 나머지 것(사람)들 전부 다
other	[형용사]	–	다른
[each other]	대명사	–	(둘 사이에) 서로
one another	대명사	–	(셋 이상에서) 서로

2 부정대명사 구분

① it/that 앞에 언급된 바로 그것　vs.　[one] 앞에 언급된 것과 같은 종류의 다른 것
　　대　　　　　　　　　　　　　　　대

② another　vs.　the other　vs.　the others
　형/대　　　　형/대　　　　대

③ any 부정문/의문문/조건문, 긍정문에도 쓰일 수 있음 (어떤 ~라도)　vs.　some 주로 긍정문
　형/대　　　　　　　　　　　　　　　　　　　　　　　　　　　　　　형/대

④ no　vs.　not　vs.　none　none of the 복수 명사 + 복수[단수] 동사 / none of 소유격 대명사 + 복수 명사 + 복수[단수] 동사
　형　　　부　　　　대

출제포인트 6 　 전체 중 일부를 나타내는 대명사

① 단수 취급하는 대명사
one / each / either + of the + 복수 명사 + 단수 동사
much / little + of the + 불가산 명사 + 단수 동사

② 복수 취급하는 대명사
several / both / many / few / a few / fewer + of the + 복수 명사 + 복수 동사

③ 단·복수 둘 다 가능 → of the 뒤의 명사에 수 일치 시켜야 하는 대명사
all / most / some / any / half / the rest + of the + 복수 명사 + 복수 동사
　　　　　　　　　　　　　　　　　　　　 + 불가산 명사 + 단수 동사

Unit 03 형용사 — Review Note

출제포인트 1 형용사의 역할

① `명사` 수식: 주로 `명사` 앞에서 수식 cf. 형용사 뒤 표현이 길어지면 뒤에서 수식
- 관사 + 형용사 + 명사   - 관사 + 부사 + 형용사 + 명사   - 소유격 + 형용사 + 명사   - 한정사 + 형용사 + 명사

② `보어` 역할
- 주격 보어: 주어를 보충 설명
주격 보어를 갖는 동사 <2형식 동사>

`be동사` ~이다   remain ~한 상태로 남다   stay ~한 상태로 남다   `become` ~이 되다   grow ~이 되다   get ~이 되다
seem ~한 상태로 보이다   look ~한 상태로 보이다   appear ~한 상태로 보이다   `prove` ~한 상태임이 드러나다, 증명되다

- 목적격 보어: 목적어 뒤에서 목적어를 보충 설명
목적격 보어를 갖는 동사 <5형식 동사>

`make` ~을 -한 상태로 만들다   `keep` ~을 -한 상태로 유지시키다   `find` ~을 -한 상태라고 생각하다
consider ~을 -한 상태로 간주하다   leave ~을 -한 상태로 남겨 놓다   deem ~을 -하다고 여기다, 간주하다

출제포인트 2 형용사의 형태

① 일반 형용사: -tive/-sive/-able/-ible/-ful/-ic/-ous/-al로 끝나는 단어

② 형용사로 굳어진 분사 형태의 형용사: -ing(~하는), p.p.(~된)로 끝나는 형용사

-ing	growing 증가하는 `leading` 선도하는 promising 유망한 missing 분실된 `remaining` 남아 있는
	rewarding 보람 있는 inviting 매력적인 alarming 걱정스러운
-p.p.	`impressed` 감명받은 `informed` 잘 아는 experienced 경험 많은 detailed 자세한 damaged 손상된
	proposed 제안된 limited 제한된 `revised` 수정된 qualified 자격을 갖춘 completed 완료된 attached 첨부된

③ '-ly'로 끝나는 형용사 ☆ 부사로 혼동하지 않기! 형용사 + -ly: `부사` / 명사 + ly: `형용사`

`likely` ~할 것 같은   friendly 친절한   costly 값비싼   `timely` 시기적절한   orderly 질서정연한

* 기간을 나타내는 명사 + -ly: 형용사/부사로 모두 사용 (daily, weekly, monthly, quarterly, yearly)

출제포인트 3 파생어 형용사 구별

successful 성공적인	respectable 존경할만한	`informative` 유용한
`successive` 연속적인	respective 각각의, 각자의	informed 많이 아는, 소식통의
dependent 의존적인 (+on)	confident 확신하는	`extensive` 광범위한
dependable 믿을 만한	`confidential` 기밀의	extended 연장된
reliable 믿을 수 있는	considerate 사려 깊은	various 다양한
reliant 의지하는 (+on)	`considerable` 상당한	variable 변동이 심한
`comprehensive` 종합적인	`last` 지난, 마지막의	understanding 이해심 있는
comprehensible 이해할 수 있는	lasting 지속하는	understandable 이해할 만한
`impressive` 인상적인	`complete` 완전한	favorite 가장 좋아하는
impressed 감명받은	completed 완료된	favorable 우호적인

Unit 04 부사 — Review Note

출제포인트 1 부사의 역할과 위치

① [동사] 수식 - 주어와 동사 사이
- 동사와 동사 사이: [be동사 + 부사 + -ing] [be동사 + 부사 + -ed] [have + 부사 + p.p.] [조동사 + 부사 + 동사원형]
- 동사 뒤: [[자동사] + 부사 + (전치사)] [[타동사] + 목적어 + 부사] [be동사 + p.p. + 부사]

② [형용사] 수식 - '형용사 + 명사'를 앞에서 수식
- 형용사 보어 수식: [be/become + 부사 + 형용사] [make/find/keep/consider + 목적어 + 부사 + 형용사]

③ [to부정사] 수식 - to + 부사 + 동사원형 - to + 동사원형 + 목적어 + 부사 - to + 동사원형 + 부사

④ [동명사] 수식 - 주로 동명사 뒤에서 수식
- 동명사가 전치사의 목적어 역할을 할 경우 '전치사 + 부사 + 동명사' 가능

⑤ [분사] 수식 * 주로 분사 앞에 빈칸이 주어지는 형태로 출제!
- 부사 + 분사 + 명사   - 명사 + 분사 + 부사   - 부사 + 분사구문, 주어 + 동사 ~

출제포인트 2 빈도 부사

always 항상   usually = normally = typically 보통   often = frequently 자주
regularly 정기적으로   [sometimes] = occasionally 가끔   [once] 한 번
[rarely] = hardly = seldom = scarcely 거의 ~않다   never 전혀 ~않다

① 빈도 부사는 반복되는 일반적인 사실을 나타내므로 [현재] 시제 동사와 자주 쓰임
② 주로 일반동사의 앞 또는 조동사/be동사의 뒤에 위치

출제포인트 3 부정 부사

hardly/rarely/scarcely/barely/seldom 거의 ~않다   [never] 전혀 ~않다

① 부정 부사는 not이나 no 등 다른 부정어와 함께 쓸 수 없음
② 부정 부사가 문장 맨 앞에 나와 강조하는 역할을 하면 뒤에 주어와 동사가 도치

출제포인트 4 시간 부사

시제	부사
현재 또는 현재진행 시제	[currently] 현재 now 지금 presently 지금 still 여전히
과거 시제	once 한때 formerly 이전에 previously 이전에 [recently = lately] 최근에 ago ~전에
현재완료 시제	[already] 이미 [recently = lately] 최근에 so far 지금까지
미래 시제	soon = shortly 곧

recently/lately는 과거, 현재완료 시제와 모두 쓰임

출제포인트 5 숫자 표현과 사용되는 부사

approximately = about = around = roughly 대략, 약   almost = [nearly] 거의   more than = over ~이상
at least 최소한   [up to] 최대한, ~까지   exactly 정확하게

출제포인트 6 빈출 부사 구분

just	① 방금, 막 → 현재완료 시제와 쓰임
	② 오직, 단지 → 강조하는 전치사구/명사구 바로 앞에 위치
ever	① 부정문, 의문문, 조건문에 사용 / 긍정문 사용 불가
	② 예외) ~ than ever (before) the + 최상급 + ever
yet	① 부정문, 의문문에 주로 사용 / 긍정문 사용 불가
	② yet이 들어가는 위치
	- 부정어 뒤 not yet - 문장 뒤(맨 마지막) - have yet to V 아직 ~하지 못하다
even	① 심지어 ~조차도 (단어나 구 앞에서 강조)
	② 비교급(-er/more ~ than)이나 최상급(-est/the most ~) 강조
well	① 잘 → good의 부사
	② 훨씬 → 전치사구를 강조
	well above /under/below 훨씬 웃도는/훨씬 못 미치는/훨씬 이하의
	well before/after 훨씬 전에/훨씬 후에
still	① 여전히, 아직도
	② 부정문에서 부사 yet과 구분하기 (어순 구분) not yet / still not
	③ 비교급(-er/more ~ than)이나 최상급(-est/the most ~) 강조
so vs. very	① 둘 다 '매우'를 의미
	② so 는 that과 함께 쓰이지만 very는 that절과 함께 쓰일 수 없음 so ~ that: 너무 ~해서 -하다
	* so ~ that -can't/couldn't: '너무 ~해서 -할 수 없다'
enough vs. too	① enough가 부사로 쓰일 경우 형용사를 뒤에서 수식 형용사 + enough + to부정사: ~하기에 충분히 -한
	② too는 형용사 또는 부사를 앞에서 수식
	too + 형용사/부사 + to부정사: 너무 ~해서 -할 수 없다 부정적 뉘앙스!

출제포인트 7 형태는 비슷하지만 의미가 다른 부사

high 높게 - highly 매우
near 가까이 - nearly 거의
late 늦게 - lately 최근에

hard 열심히, 힘들게 - hardly 거의 ~않다
most 가장 많이 - mostly 대체로, 주로
close 가깝게 - closely 자세히, 밀접하게

출제포인트 8 접속부사

의미	접속부사	접속사
대조	however 하지만	but 하지만
결과	therefore /hence 그러므로 consequently 결과적으로	so 그래서
시간의 경과	meantime/meanwhile 그동안 afterwards 그 후에	while ~하는 동안 after ~후에
첨가	besides /moreover/furthermore/in addition 게다가	
양보	nevertheless /nonetheless/notwithstanding 그럼에도 불구하고	although/though 비록 ~이지만 while ~한 반면에
조건	if so 그렇다면 otherwise 그렇지 않으면	if ~라면 unless ~가 아니라면

Unit 05 전치사 — Review Note

출제포인트 1 전치사의 위치

① 명사(구) 앞
- 전치사 + 명사 → 목적어
- 전치사 + 대명사 → 목적격, 소유대명사, 재귀대명사가 올 수 있음
- 전치사 + 명사/대명사: 전치사구 → 명사(구)를 뒤에서 수식하거나 동사 또는 문장 전체를 수식

② 동명사 앞

③ 명사절 앞 - 특히 about, as to, regarding, concerning(~에 관하여)이 명사절 앞에 자주 출제됨

출제포인트 2 시간 전치사

① at + 정확한 시각이나 시점   on + 날짜, 요일, 특정일   in + 월, 년도, 계절, 세기, 오전/오후/저녁

② 시점 전치사

by ~까지   until ~까지   since ~이후로   from ~부터   before/prior to ~ 전에   after/following ~ 후에   + 시점 표현

- by 완료 vs. until 계속 ┌ by 와 함께 쓰이는 동사: finish, complete, submit, inform, notify, deliver, arrive
                        └ until 과 함께 쓰이는 동사: wait, continue, stay, last, be open

③ 기간 전치사

for ~동안에   during ~동안에   over ~에 걸쳐서   within ~이내에   throughout ~(동안) 내내   + 기간 표현
around ~(동안) 내내   in ~후에/~만에

- for vs. during ┌ for + 숫자로 나타낸 시간 명사
                 └ during + 기간을 나타내는 명사

출제포인트 3 장소/위치/방향 전치사

① at + 구체적인 지점이나 장소   on + 면에 붙어 있는 경우(층, 선반, 전시물 등), 선에 인접한 것(도로, 국경, 강 등)
  in + 대륙, 나라, 주, 큰 도시, 입체 공간의 내부

② 위치/방향 전치사

to ~로   from ~에서, ~로부터   towards ~쪽으로, ~를 향해   across ~을 가로질러, ~전역에, ~의 건너편에
along ~을 따라   beside/next to ~ 옆에   above ~위에, ~이상인   below ~아래에, ~이하인
over ~위에, ~ 이상   under ~아래에, ~ 이하   around ~ 주위에, ~ 전역에 걸쳐
through <장소/과정> ~을 거쳐/통과하여 = all over, across   <수단> ~을 통해   <시간> ~내내
between ~사이에(둘 사이에) vs. among ~사이에(셋 이상 사이에)

출제포인트 4 비슷한 의미의 전치사

① ~에 관하여: about   on   regarding   concerning   pertaining to   as to   in[with] regard to
   with respect to   with[in] reference to
- details / information / inquiries / questions / concerns 등의 어휘가 주로 앞에 옴

② ~뿐만 아니라: besides   in addition to   aside from   apart from   on top of

③ ~을 제외하고서: except (for)   aside from   apart from

④ ~을 고려해볼 때: considering   given

출제 포인트 5 이유/양보 전치사

	전치사	접속사	접속부사
이유(~때문에)	because of / due to / owing to / on account of / thanks to	because / since / as / now that / in that	for this reason / hence / therefore / consequently
양보(~에도 불구하고)	despite / in spite of / notwithstanding	although / though / even though / even if / while	however / nevertheless / nonetheless

출제 포인트 6 두 단어 이상 전치사

instead of ~ 대신에   according to ~에 따르면   prior to ~ 이전에   ahead of ~에 앞서
along with ~와 함께   such as ~와 같은   as of + 시점 ~부로   regardless of ~에 상관없이
in response to ~에 대응하여   in celebration of ~을 축하하여   in terms of ~의 면에서   in charge of ~을 책임지는
in case of ~의 경우에   in favor of ~을 찬성하여   in observance of ~을 준수[기념]하여   in compliance with ~을 준수하여
in light of ~을 고려하여   in place of ~을 대신하여   on behalf of ~을 대신하여   as a result of ~의 결과로
by means of ~로써, ~에 의하여   in honor of ~을 기념하여

출제 포인트 7 전치사 숙어

① 자동사 + 전치사
enroll in ~에 등록하다   differ from ~와 다르다   comply with ~을 따르다   cooperate with ~와 협력하다
take advantage of ~을 이용하다   deal with ~을 다루다, 해결하다   dispose of ~을 처리하다   refer to ~을 참조하다
contribute to ~에 기여하다   specialize in ~을 전문으로 하다   succeed in ~에 성공하다
appeal to ~의 관심을 끌다   account for ~을 설명하다   consist of ~로 구성되다   refrain from ~을 삼가다

② 타동사 + 목적어 + 전치사
provide A with B A에게 B를 제공하다   obtain A from B A를 B로부터 얻다   offer A to B A에게 B를 제공하다
submit A to B A를 B에게 제출하다   replace A with B A를 B로 대체하다   import A from B A를 B로부터 수입하다
donate A to B A를 B에게 기부하다   issue A to B A를 B에게 발급하다   reimburse A for B A에게 B에 대해 상환하다
add A to B A를 B에 더하다   extend A to B A를 B까지 연장하다   share A with B A를 B와 공유하다
compensate A for B A에게 B에 대해 보상하다   acquaint A with B A를 B에게 소개하다   reward A with B A를 B로 보상하다

③ 명사 + 전치사
access to ~에 대한 접근, 이용   approval for ~에 대한 승인   addition to ~에 추가
emphasis on ~에 대한 강조   admission to ~로의 입장   perspective on ~에 대한 관점
increase/rise in ~의 증가   decrease/decline/drop in ~의 감소   standard for ~에 대한 기준
interest in ~에 대한 관심   problem with ~의 문제   demand for ~에 대한 수요   business with ~와의 거래

출제 포인트 8 전치사 관용 표현

on[upon] request 요청시에   in a timely manner 시기적절하게   at once 즉시   at your earliest convenience 가능한 한 빨리
at all times 항상   at the beginning/end of ~의 초반에/후반에   in person 직접   without exception 예외 없이
with emphasis 강조하여   in detail 자세히   at regular intervals 정기적으로   on duty 근무 중인
on a regular basis 규칙적으로   in advance 미리, 사전에   in place 제자리에   in particular 특히   in writing 서면으로
in the foreseeable future 가까운 미래에   on[upon] arrival 도착하자마자   in one's absence ~의 부재 시에
in transit 운송 중인   in production 생산 중인   with enthusiasm 열심히, 열중하여   without delay 지체 없이

Unit 06 동사의 종류와 수 일치   Review Note

출제포인트 1 동사의 종류

① 1형식 동사
- [자동사] 이므로 바로 뒤에 전치사구 또는 부사가 옴
- [arrive] 도착하다 depart 출발하다 happen/occur/take place 발생하다 wait 기다리다 talk 이야기하다
  [rise] 오르다 vary 다르다 commence 시작하다 work 일하다
- 특정 전치사와 쓰이는 빈출 자동사: comply [with] ~을 준수하다 [respond] to ~에 응답하다
  depend [on] ~에 의존하다, ~에 달려 있다 rely on ~에 의존하다 object [to] ~에 반대하다 account for ~을 설명하다
  appeal to ~에 호소하다 lead to ~로 이어지다 proceed to ~로 가다 consist of ~로 구성되다

② 2형식 동사
- [주격 보어] (주어를 보충 설명하는 말)를 갖는 동사
- be ~이다 become ~이 되다 [remain] 여전히 ~이다 stay ~로 남다 [prove] ~로 증명되다 appear ~인 것 같다
  seem ~같아 보이다 feel ~라고 느끼다 look ~같아 보이다

③ 3형식 동사
- 타동사: [목적어] 를 갖는 동사
- 빈출 3형식 타동사: answer 답하다 [explain] 설명하다 attract 끌어들이다 [exceed] 초과하다 anticipate 예상하다
  oppose 반대하다 join 합류하다 attend 참석하다 reach 도달하다 await 기다리다 handle 다루다, 처리하다
  [discuss] 논의하다
- [to부정사] 를 목적어로 갖는 3형식 타동사: want 원하다 decide 결정하다 plan 계획하다 agree 동의하다 strive 노력하다
  wish 원하다 hope 희망하다 tend ~하는 경향이 있다
- 동명사를 목적어로 갖는 3형식 타동사: [recommend] 추천하다 finish 끝내다 consider 고려하다 suggest 제안하다
  include 포함하다
- [명사절] 을 목적어로 갖는 3형식 타동사: announce 알리다 [mention] 언급하다 explain 설명하다 state 명시하다
  suggest 제안하다 agree 동의하다 ensure 보장하다 indicate 나타내다

④ 4형식 동사
- 목적어를 2개 갖는 타동사 → [간접 목적어] (~에게)와 [직접 목적어] (~을/를) 가짐
- '간접 목적어+직접 목적어'를 갖는 4형식 타동사: [give] 주다 [offer] 제공하다 send 보내다 grant 수여하다
  award 수여하다 bring 가져오다 forward 보내다 assign 할당하다
- 3형식 동사 vs. 4형식 동사 구별

3형식	announce 발표하다 describe 설명하다	explain 설명하다 mention 언급하다	say 말하다 suggest 제안하다	recommend 권장하다	+ (to+사람) + 목적어(that절)
4형식	advise 조언하다 assure 장담하다	convince 확신하다 inform 알리다	notify 알리다 remind 상기시키다	tell 말하다	+ 간.목 + 직.목(that절)

⑤ 5형식 동사
- 목적어와 [목적격 보어] 를 갖는 타동사
- 주로 '목적어를 ~라고 여기다'의 의미
  make ~하게 하다 [find] ~임을 알아내다, ~라고 생각하다 keep ~하게 두다, 유지하다 [appoint] ~로 임명하다
  name ~로 명명하다 call ~라고 부르다 consider ~라고 생각하다 get (어떤 상태로) 되게 하다

출제포인트 2　반드시 동사원형을 쓰는 경우

① [조동사] + 동사원형
② 명령문은 주어 없이 [동사원형]으로 시작　＊부사 simply가 빈칸 앞에 주어지는 경우가 종종 출제됨!
　- Please + 명령문　- to부정사(구) + 명령문　- 조건절/시간부사절 + 명령문
③ let/have/make + 목적어 + 목적격 보어(동사원형)
④ do not/does not/did not/조동사 not + 동사원형

출제포인트 3　단수 주어 + 단수 동사 / 복수 주어 + 복수 동사

단수 취급하는 주어	복수 취급하는 주어
① 가산 단수 명사, 단수 대명사(He, She, It) ② [불가산] 명사: information, equipment, access 등 ③ 고유명사: 회사명, 상점명 등 ④ 동명사구/to부정사구 ⑤ 명사절(that/whether/의문사+주어+동사) ⑥ one/each/every + [단수] 명사 ⑦ the number of + [복수] 명사 ~의 수 ⑧ every/any/some/no + -thing/-body/-one	① 가산 복수 명사 ② 'A and B', 'Both A and B'의 구조로 쓰인 주어 ③ many/several/few/a few/both + [복수] 명사 ④ a variety of/a range of + 복수 명사 다양한 ⑤ a number of + 복수 명사 많은 ⑥ [a series of] + 복수 명사 일련의

- 주어와 동사 사이의 [수식어구](전치사구, to부정사구, 분사구, 관계절)는 수 일치에 영향을 주지 않음

출제포인트 4　there 구문의 수 일치

① There + [복수] 동사 + 복수 명사 / There + [단수] 동사 + 단수 명사
② There 구문에서 자주 쓰이는 동사: be동사, exist 존재하다, remain 남아 있다, 여전히 ~이다

출제포인트 5　주격 관계절의 수 일치

주격 관계대명사 뒤 동사는 [선행사]와 수 일치
① 단수 선행사 + 주격 관계대명사(who, that, which) + [단수] 동사
② 복수 선행사 + 주격 관계대명사(who, that, which) + [복수] 동사

출제포인트 6　부분/전체를 나타내는 표현의 수 일치

[of] 뒤 명사에 동사의 수 일치

all/most/any/some/half + of the 단수 명사 + 단수 동사 　　　　　　　　　　 + of the 복수 명사 + 복수 동사	the rest/percent/the bulk/분수 + of the 단수 명사 + 단수 동사 　　　　　　　　　　　　　　 + of the 복수 명사 + 복수 동사

출제포인트 7　수 일치의 예외

① 의무/요청/제안을 나타내는 동사의 that절에는 주어의 수 상관없이 '(should) + [동사원형]'
　require/request/ask 요구하다　[suggest]/propose 제안하다　mandate 명령하다　insist 주장하다
　order 명령하다　demand 요구하다
② '[It ~ that]' 구문에서 의무를 나타내는 형용사가 쓰이면 that절에는 주어의 수 상관없이 '(should) + [동사원형]'
　important 중요한　necessary 필요한　imperative 반드시 해야 하는　[essential] 필수적인　mandatory 의무적인
　vital 필수적인　[advisable] 권장되는

Unit 07 능동태와 수동태

Review Note

출제 포인트 1 — 능동태와 수동태의 형태 구분

각 동사의 시제와 태를 써보세요. 예) 현재 시제 능동태

sent	과거 시제 능동태	has been sent	현재완료 수동태
sends	현재 시제 능동태	will be sent	미래 시제 수동태
is sent	현재 시제 수동태	will have sent	미래완료 능동태
have sent	현재완료 능동태	had sent	과거완료 능동태

출제 포인트 2 — 자동사(1, 2형식 동사)의 태

1 자동사는 목적어 를 취하지 않으므로 수동태 불가

빈출 자동사

- rise 오르다   appear 나타나다   exist 존재하다   remain 남아 있다   consist 구성되다
- work 일하다   depart 떠나다   proceed 진행하다   arrive 도착하다   stay ~인 상태를 유지하다
- last 지속되다   participate 참석하다   occur/ happen /take place 발생하다

2 '자동사 + 전치사'는 뒤에 목적어가 올 수 있으므로 수동태 가능

- deal with ~을 다루다, 처리하다 → be dealt with
- account for ~을 설명하다 → be accounted for
- carry out ~을 실행하다 → be carried out
- dispose of ~을 버리다 → be disposed of
- refer to ~을 언급하다, ~을 참조하다 → be referred to
- take care of ~을 돌보다 → be taken care of

출제 포인트 3 — 3형식 동사의 수동태

1 보기가 3형식 동사일 경우 빈칸 뒤에 목적어가 있으면 능동태 , 없으면 수동태 가 정답이다.

2 빈출 3형식 타동사

- establish 설립하다, 수립하다   regulate 규제하다, 조절하다   detail 상술하다, 열거하다   notify 알리다
- close 닫다, 폐쇄하다   release 내보내다, 출시하다   install 설치하다   maintain 유지하다
- illustrate 설명하다   predict 예측하다   post 게시하다   construct 건설하다
- generate 발생시키다, 만들어내다   report 알리다, 보도하다   receive 받다

출제 포인트 4 — 4형식 동사의 수동태

1 4형식 동사의 수동태는 뒤에 목적어 가 있을 수 있음
→ 4형식 동사는 능동태와 수동태 모두 뒤에 목적어 가 나오므로 해석으로 구분해야 한다!

2 빈출 4형식 동사

- give 주다   send 보내다   offer 제공하다   award 수여하다   charge 부과하다
- grant 인정하다, 승인하다   bring 가져오다   issue 발급하다, 발행하다   assign 할당하다, 배정하다

Unit 08 시제 — Review Note

출제 포인트 1 단순 시제

① 현재 시제
- 현재 시제 단서 표현

currently 현재   usually 주로, 보통   frequently 자주   often 종종   still 여전히

[every]/each day[week, month, year] 매일, 매주, 매달, 매해

- 시간/조건의 부사절에서 미래를 나타낼 때 미래 시제 X, [현재] 시제 사용

시간 부사절 접속사	조건 부사절 접속사
[when] ~일 때 before ~ 전에	if ~라면 [unless] ~하지 않는다면
after ~ 후에 as soon as ~하자마자	as long as ~하는 한
[by the time] ~할 때쯤 once 일단 ~하면 while ~하는 동안	provided/providing (that) ~인 경우에 = if

② 과거 시제
- 과거 시제 단서 표현

yesterday 어제   recently 최근에   once 한때
시간 표현 + [ago] ~ 전에   [last] + 시간 표현 지난 ~   in + 지난 연도/과거 시점 ~에

- 문장에 과거 시제 단서 표현이 없는 경우 풀이 방법
이미 끝나버린 상황인지 해석을 통해 판단하거나 'since + 주어 + 과거 시제 동사, 주어 + 현재완료 동사'의 구조인지 파악하기

③ 미래 시제
- 미래 시제 단서 표현

tomorrow 내일   [shortly]/soon 곧   next + 시간 표현 다음 ~에   as of/effective of + 미래 시점 ~부로
starting/beginning + 미래 시점 ~부터   [upcoming]/following + 명사 다가오는/다음의 '명사'

출제 포인트 2 완료 시제

① 현재완료 (형태: [have p.p.])
- 완료: ~했다
완료의 의미일 때 함께 쓰이는 표현

[just] 막   [already] 이미   now 지금

- 계속: ~해 왔다
계속의 의미일 때 함께 쓰이는 표현

[for] + 기간 ~동안   always 항상   during/for/over/in + the last[past] + 기간 지난 ~동안
since + 주어 + 과거 동사/since + 과거 시점 ~ 이래로

- 경험: ~해 본 적이 있다
경험 의미일 때 함께 쓰이는 표현

ever ~해 본 적이 있다   [never] ~ 해 본 적이 없다   recently 최근에   lately 최근에

- 시간 부사절에서 주절이 미래를 나타낼 때 현재완료를 쓸 수도 있음

② 과거완료 (형태: had p.p.)
- 과거 특정 시점보다 더 앞서 일어난 일
- 기준이 되는 과거 시점이 있는지 확인하기
- By the time + 주어 + 과거 동사, 주어 + 과거완료 ~했었을 때쯤에는, (이미) -했었다

③ 미래완료 (형태: will have p.p.)
- 미래 특정 시점까지 계속되어 완료될 일
- By the time + 주어 + 현재 동사, 주어 + 미래완료 ~했을 때쯤이면, -할 것이다

출제 포인트 3 진행 시제

① 현재 진행
- 현재 진행 시제 단서 표현

| now 지금 | at the moment 지금 | currently 현재 |

- 가까운 미래의 예정/계획을 나타낼 때 사용 가능

② 과거 진행/미래 진행
- 과거 진행: 특정 과거 시점에 진행되고 있던 일
- 미래 진행: 특정 미래 시점에 진행되고 있을 일

③ 진행 시제로 쓸 수 없는 동사

감정 동사	prefer 선호하다 surprise 놀라다 please 기쁘게 하다, 만족시키다 like 좋아하다
상태 동사	consist 구성되다 exist 존재하다 include 포함하다 know 알다
소유 동사	have 갖다 possess 소지하다 own 소유하다 belong to ~에 속하다

출제 포인트 4 가정법의 시제

① 가정법 과거완료 (~했다면, -했을텐데)
- 과거 사실에 반대되는 상황을 가정 * if절 또는 주절의 동사가 빈칸으로 출제!

If + 주어 + had p.p. ~, 주어 + would/could/should/might + have p.p.

② 가정법 과거완료 도치

If + 주어 + had p.p. ~, 주어 + would/could/should/might + have p.p
→ Had + 주어 + p.p.~, 주어 + would/could/should/might + have p.p

③ 가정법 미래 도치 (~하면, -할 것이다)
- 가능성이 희박한 미래의 일을 가정

If + 주어 + should + 동사원형 ~, 주어 + will/can/may + 동사원형 or 명령문
→ Should + 주어 + 동사원형 ~, 주어 + will/can/may + 동사원형 or 명령문

Unit 09 to부정사 — Review Note

출제포인트 1 · to부정사의 역할

① 명사 역할 '~하는 것'
- 주어 자리
- [타동사]의 목적어 자리 ※to부정사는 [전치사]의 목적어 자리에는 오지 않음
- 주격 보어, 목적격 보어 자리

② 형용사 역할 '[명사] + toV'
- 명사를 뒤에서 수식, '~할, ~하는, ~하기 위한'의 의미로 쓰임

③ 부사 역할
- 목적: ~하기 위해 ※[in order] toV, so as toV로 쓸 수도 있음
- 이유: ~하게 되어 - 하다 ※ 'be pleased/delighted/happy/sorry + toV'의 형태로 쓰임
- 결과: 결국 -하게 되다 ※to부정사 앞에 only가 오는 경우가 많음

출제포인트 2 · to부정사의 태 일치

① to부정사의 수동태의 형태: [to be + p.p.]
② to부정사의 능/수동태 구별 방법: 동사의 능/수동태 구별 방법과 동일
→ to부정사의 동사가 [자동사]이면 능동, 타동사이면 빈칸 뒤 [목적어] 유무 따져서 능동/수동 구분!

출제포인트 3 · to부정사의 의미상의 주어

- to부정사 앞에 '[for] + 명사' 또는 '[for] + 대명사'

출제포인트 4 · to부정사 관용 표현

① 형용사 + to부정사

(un)[able] toV ~할 수 있다(~할 수 없다)   [eligible] toV ~할 자격이 있다
(un)likely toV ~할 것 같다(~할 것 같지 않다)   eager toV ~하기를 갈망하다
(un)[willing] toV 기꺼이 ~하다(~하기를 꺼리다)   pleased toV ~하는 것을 기뻐하다
ready toV ~할 준비가 되다   hesitant toV ~하기를 주저하다
[reluctant] toV ~하기를 꺼려하다   apt/prone toV ~하기 쉽다

② 명사 + to부정사

[ability] toV ~하는 능력   opportunity toV ~할 기회   chance toV ~할 기회
[effort] toV ~하려는 노력   [attempt] toV ~하려는 시도   way toV ~할 방법
plan toV ~할 계획   need toV ~할 필요   [offer] toV ~하겠다는 제안
decision toV ~하겠다는 결정   right toV ~할 권리   means toV ~하려는 조치

③ 3형식 동사 + to부정사

want toV 원하다　　　need toV 필요로 하다　　　wish toV 바라다　　　hope toV 바라다
[expect] toV 기대하다　　plan toV 계획하다　　　[decide] toV 결정하다　　ask toV 요청하다
promise toV 약속하다　　refuse toV 거절하다　　　fail toV ~하지 못하다　　[afford] toV 여유가 있다
strive toV 노력하다　　　[agree] toV 동의하다

④ 5형식 동사 + 목적어 + to부정사
to부정사를 목적격 보어로 취하는 동사　★ 수동태로도 자주 출제되므로 함께 알아두기

동사 + 목적어(A) + to부정사	목적어 + be p.p. + to부정사
expect A toV A가 ~할 것을 기대하다, 예상하다	be expected toV ~할 것으로 기대되다, 예상되다
invite A toV A가 ~하도록 제안하다	be invited to V ~하라고 제안받다
ask A toV A가 ~하는 것을 요청하다	be asked toV ~하라고 요청받다
require A toV A가 ~하는 것을 요청하다	be required toV ~하라고 요청받다
request A toV A가 ~하는 것을 요청하다	be requested toV ~하라고 요청받다
[allow]/permit A toV A가 ~하는 것을 허락하다	[be allowed]/permitted toV ~하도록 허락받다
advise A toV A가 ~하는 것을 권장하다	be advised toV ~하라고 권장받다
remind A toV A가 ~하라고 상기시켜주다	be reminded toV ~할 것을 상기하게 되다
[encourage] A toV A가 ~하도록 권장하다	[be encouraged] toV ~할 것을 권장받다
persuade A toV A가 ~하도록 설득하다	be persuaded toV ~하라고 설득되다
[enable] A toV A가 ~할 수 있게 하다	[be enabled] toV ~할 수 있게 되다

출제 포인트 5　준사역동사 help

① help는 'help + 사람 목적어 + [동사원형] / [to부정사]'의 형태로 쓰임
② 목적어를 생략하고 [동사원형] / [to부정사]를 바로 쓰기도 함

Unit 10 동명사 — Review Note

출제포인트 1 동명사의 역할

① 주어 역할
② [타동사]의 목적어 역할
③ 전치사의 목적어 역할
- 동명사와 함께 자주 출제되는 전치사

for -ing ~하기 위해서	[by] -ing ~함으로써	in -ing ~함에 있어서
without -ing ~하지 않고	[except] -ing ~하는 것을 제외하고	besides -ing ~하는 것뿐만 아니라
before -ing(=prior to -ing) ~하기 전에	after -ing ~하고 나서	[instead of] -ing ~하는 대신에

④ 보어 역할

출제포인트 2 동명사 vs. 명사

① 빈칸 뒤에 보어나 목적어 있으면 → [동명사]
② 빈칸 앞에 관사(a/the)가 있으면 → [명사]
③ 형용사가 수식하면 → [명사]
　부사가 수식하면 → [동명사]

✱ 동사원형 + -ing 형태의 명사들
→ 동명사도 되고 일반 명사도 가능
→ 문장 구조를 통해 둘 중 무엇으로 쓰였는지 확인하기! e.g. 앞에 부사 있으면 동명사 / 형용사 있으면 명사

beginning	meeting	marketing	opening	gathering	financing
setting	seating	photocopying	showing	training	widening

출제포인트 3 동명사의 태 일치

① 동명사의 수동태의 형태: [being] + p.p.
② 동명사의 능/수동태 구별 방법: 동사의 능/수동태 구별 방법과 동일
→ 동명사의 동사가 자동사이면 [능동], 타동사이면 빈칸 뒤 [목적어] 유무 따져서 능/수동 구분!

출제포인트 4 동명사의 의미상의 주어

- 동명사 앞에 명사의 [소유격] 또는 대명사의 [소유격]을 쓴다.

출제 포인트 5 　 동명사를 목적어로 취하는 동사

아래 동사들이 3형식 동사로 쓰일 때 동명사를 목적어로 취함

recommend -ing ~하는 것을 추천하다, 권장하다	consider -ing ~하는 것을 고려하다
suggest -ing ~하는 것을 제안하다	avoid -ing ~하는 것을 피하다
involve -ing ~하는 것을 수반하다	postpone -ing ~하는 것을 미루다
deny -ing ~하는 것을 부인하다	admit -ing ~하는 것을 인정하다
discontinue -ing ~하는 것을 중단하다	include -ing ~하는 것을 포함하다

출제 포인트 6 　 동명사 숙어 표현

동명사 앞에 있는 어휘나 표현이 단서가 되므로 통째로 암기하기!

on/upon -ing ~하자마자	be worth -ing ~할 가치가 있다
spend + 시간/돈 + (in) -ing ~하는 데 시간/돈을 쓰다	be busy (in) -ing ~하느라 바쁘다
cannot help -ing ~하지 않을 수 없다	keep -ing 계속해서 ~하다
have trouble (in) -ing ~하는 데 문제가 있다	have difficulty (in) -ing ~하는 데 어려움을 겪다
go -ing ~하러 가다	feel like -ing ~하고 싶다
be capable of -ing ~할 수 있다	succeed in -ing ~하는 데 성공하다

출제 포인트 7 　 전치사 to vs. to부정사의 to

- 전치사 to와 함께 사용되는 숙어 표현

look forward to 명사/-ing ~하기를 고대하다	be committed to 명사/-ing ~하는 것에 전념하다
be devoted to 명사/-ing ~하는 것에 헌신하다	be dedicated to 명사/-ing ~하는 것에 헌신하다
object to 명사/-ing ~에 반대하다	be used to 명사/-ing ~에 익숙하다
be opposed to 명사/-ing ~에 반대하다	be accustomed to 명사/-ing ~에 익숙하다
be subject to 명사/-ing ~하기 쉽다, ~하기로 되어 있다	when it comes to 명사/-ing ~에 대해서라면

출제 포인트 8 　 -ing형 명사 vs. 일반 명사

1. 동사의 성격 없이 명사로 굳어진 -ing형 명사가 있음
   → 명사처럼 앞에 관사 ok, 형용사의 수식 ok

2. 보기에 -ing형 명사와 일반 명사 모두 있을 경우 ① 가산/불가산 구분 ② 문맥상 알맞은 것을 파악하여 선택하기

   -ing형 명사와 일반 명사의 구분

opening 공석, 개회 - open 야외, 옥외	cleaning 청소 - clean 손질
accounting 회계 업무 - account 계좌, 계정	marketing 마케팅 - market 시장
advertising 광고업 - advertisement 광고	funding 자금 조달 - fund 자금
seating 좌석 배치, 수용력 - seat 자리	spending 지출 - spend 지출(액)/비용
pricing 가격 책정 - price 가격	planning 계획 수립, 기획 - plan 계획
housing 주택/주택 공급 - house 집	staffing 직원 배치 - staff 직원
processing 처리 - process 과정	ticketing 발권 - ticket 티켓

Unit 11 분사 — Review Note

출제 포인트 1 분사의 역할

① 명사 수식 = 형용사 역할
- 명사 앞 수식 ┌ 현재분사 + 명사: 명사가 ~하다
              └ 과거분사 + 명사: 명사가 ~되다
- 명사 뒤 수식 ┌ 명사 + 과거분사 : 명사가 ~되다
              └ 명사 1 + 현재분사 + 명사 2(목적어): 명사 1이 ~하다

② 보어 역할
- 2형식 동사의 주격 보어 역할 ┌ 주어가 ~하다: 현재분사
                              └ 주어가 ~되다: 과거분사

2형식 동사

| be ~이다 | become ~이 되다 | get ~이 되다 | turn ~이 되다 | grow ~이 되다 |
| remain ~한 상태이다 | stay 계속 ~한 상태이다 | seem ~인 것 같다 | appear ~인 것처럼 보이다 | |

- 5형식 동사의 목적격 보어 역할 ┌ 목적어가 ~하다: 현재분사
                                └ 목적어가 ~되다: 과거분사

5형식 동사

| make ~를 -하게 만들다 | keep ~을 -한 상태로 유지하다 | consider ~을 -하다고 여기다 |
| find ~을 -라고 생각하다 | leave ~을 -한 상태로 남겨두다 | deem ~을 -한 상태로 간주하다 |

출제 포인트 2 현재분사(V-ing) vs. 과거분사(p.p.)

① 수식받는 명사와 분사가 능동 관계(~하다) → 현재분사
   수식받는 명사와 분사가 수동 관계(~되다) → 과거분사

빈출 현재분사

leading 선도하는	promising 유망한	missing 분실한	inviting 매력적인
entertaining 흥미로운	challenging 도전적인	convincing 설득력 있는	rewarding 가치 있는
surrounding 인근의, 주의의	demanding 까다로운	encouraging 고무적인	outstanding 뛰어난

빈출 과거분사

attached 첨부된	enclosed 동봉된	damaged 손상된	limited 제한된, 한정된	detailed 상세한
revised 수정된	reserved 예약된	updated 업데이트된	designated 지정된	reduced 감소된
renovated 개조된	qualified 자격을 갖춘	skilled 능숙한	experienced 경험 많은	preferred 선호하는

② 자동사 는 현재분사로만 쓰인다. (수동태가 없으니까)
- 현재분사 + 명사   - 명사 + 현재분사 + 전치사 + 명사   - 명사 + 현재분사 + 부사

빈출 자동사의 현재분사

| rising 상승하는 | remaining 남아 있는 | participating 참가하는 | lasting 지속되는 |
| existing 기존의, 현재 있는 | emerging 새로 생긴, 떠오르는 | growing 증가하는 | |

출제포인트 3 감정동사의 분사

① 명사를 앞뒤에서 수식하는 경우, 수식받는 명사가 감정의 원인 → 현재분사 / 감정을 느끼는 주체 → 과거분사
② 분사가 주격 보어로 사용될 경우, 주어가 감정의 원인 → 현재분사 / 주어가 감정을 느끼는 주체 → 과거분사
③ 분사가 목적격 보어로 사용될 경우, 목적어 가 감정의 원인 → 현재분사 / 목적어 가 감정을 느끼는 주체 → 과거분사
④ 감정 동사에서 파생된 빈출 현재분사/과거분사

satisfy 만족시키다 - satisfying 만족스러운 - satisfied 만족한
surprise 놀라게 하다 - surprising 놀라운 - surprised 놀란
excite 들뜨게 하다 - exciting 흥미로운 - excited 신이 난
tire 피곤하게 하다 - tiring 피곤하게 하는 - tired 피곤한
interest 흥미를 끌다 - interesting 흥미로운 - interested 들뜬, 신이 난
disappoint 실망시키다 - disappointing 실망스러운 - disappointed 실망한
annoy 짜증나게 하다 - annoying 짜증나게 하는 - annoyed 짜증난

출제포인트 4 주의해야 할 분사

① 현재분사 형태와 과거분사 형태일 때 의미가 아예 달라지는 형용사

grow ─ 자동사: 증가하다
      └ 타동사: ~을 재배하다, 경작하다

decline ─ 자동사: 감소하다
        └ 타동사: ~을 거절하다

② '전치사 ----- 명사' 유형
  분사 또는 동명사가 들어갈 수 있다. 해석으로 구분하기!

출제포인트 5 분사구문

① 분사구문: ' 접속사 + 주어 + 동사'의 부사절을 분사를 이용해 부사구로 바꾼 구문 *부사 역할을 함!
② 주절의 주어와 분사구문이 능동 관계 → 현재분사 / 수동 관계 → 과거분사
③ 완료형 분사구문: 분사구문의 시제가 주절보다 앞선 경우 사용

Having p.p. ~, 문장: ~하고 난 후
Having been p.p. ~, 문장: ~된 후

④ 접속사가 분사구문 앞에 그대로 쓰이는 경우가 토익에 더 자주 출제된다.
접속사 + (현재분사/과거분사) + 명사, 주어 + 동사~
  주어와 능동 관계면 현재분사/수동 관계면 과거분사
⑤ 동시 동작을 나타내는 분사구문: 완전한 문장, + -ing ~ '~하면서 주어 + 동사 하다'
⑥ 특정 분사구문은 현재분사 또는 과거분사로만 출제된다.

현재분사 구문으로만 출제되는 표현

beginning/starting ~부터, ~에 시작하여   preferring toV ~하는 것을 선호하면서
allowing A toV A가 ~하는 것을 가능하게 하면서   ensuring that 주어+동사 ~을 확실히 하면서

과거분사 구문으로만 출제되는 표현

compared to ~와 비교했을 때
as p.p. ~된 바와 같이
unless otherwise p.p. 달리 ~되어 있지 않다면

Unit 12 등위·상관 접속사 / 명사절 접속사   Review Note

출제 포인트 1 등위접속사

① 등위접속사는 [같은] 품사나 구조를 연결한다.
② 등위접속사의 종류: and, or, [but] (=yet), so, for(~때문에)
- and, or, but, yet은 단어와 단어, 구와 구, 절과 절 연결 가능
- [so] 와 [for] 는 절과 절만 연결 가능
- 등위접속사 so vs. 부사절 접속사 because
  ┌ so: 앞에 나오는 절에 [원인], 뒤에 나오는 절에 [결과]
  └ because: 부사절에 원인, 주절에 결과
  *because가 이끄는 부사절은 주절 앞/뒤에 모두 올 수 있지만, so가 이끄는 절은 주절 뒤에만 온다.
③ 등위접속사는 문장 [맨 앞] 에 올 수 없다.

출제 포인트 2 상관접속사

① 상관접속사는 알맞은 짝을 찾는 문제로 출제되므로 통째로 암기해 두어야 한다.
② 상관접속사의 종류   *A와 B는 대등한 구조여야 함

[both] A [and] B   A와 B 모두   [either] A [or] B   A 또는 B 중 하나
[neither] A [nor] B   A도 B도 아닌   not A but B   A가 아닌 B
[not only] A [but] (also) B = B as well as A   A뿐만 아니라 B도

③ 상관접속사의 수 일치
both A and B + 복수 동사   either A or B → B에 수 일치
neither A nor B → [B] 에 수 일치   not only A but (also) B → [B] 에 수 일치
B as well as A → [B] 에 수 일치   not A but B → B에 수 일치

출제 포인트 3 명사절의 역할

① 주어 자리 *명사절 주어: 단수 취급
② [타동사] 의 목적어 자리
③ [전치사] 의 목적어 자리
④ 보어 자리

출제 포인트 4 명사절 접속사 that

① that + [완전한] 절
② [전치사] 의 목적어로 쓰일 수 없음
③ [타동사] 의 목적어 자리에 나오는 that은 생략 가능
④ 동격 접속사 that으로 사용 가능
⑤ that절을 취하는 형용사

be [aware] that ~을 알고 있다   be sorry that ~해서 유감이다   be afraid that ~라니 걱정이다
be certain/convinced/confident/sure that ~을 확신하다   be glad/happy/delighted/pleased that ~라니 기쁘다

출제포인트 5   명사절 접속사 whether/if

① whether (or not) + 완전한 절 / whether + 완전한 절 (+ or not): ~할지 말지, ~인지 아닌지
② whether A or B: A든지 B든지
③ whether (or not) + to부정사 : ~할지 말지
④ if : whether와 의미가 같지만 타동사의 목적어 자리에만 올 수 있음

출제포인트 6   명사절 접속사: 의문사

① 명사절 접속사로 쓰이는 의문사는 의문대명사, 의문형용사, 의문부사로 나뉜다.

의문대명사	who / whom / what / which + 불완전한 절
의문형용사	what / which / whose + 명사 + 불완전한 절
의문부사	when / where / how / why + 완전한 절

② '의문사 + to부정사'의 형태로 쓰일 수 있다.

출제포인트 7   복합관계대명사

① 복합관계대명사

whoever 누구든 간에   whomever 누구든 간에
whatever 무엇이든 간에   whichever 어느 것이든 간에

② 복합관계대명사는 '선행사+관계대명사'이므로 앞에 선행사 가 올 수 없음
whoever = anyone who   whomever = anyone whom
whatever = anything that   whichever = any + 명사 + that

③ 복합관계대명사는 명사절과 부사절 을 모두 이끌 수 있음

	명사절을 이끌 때	부사절 을 이끌 때
whoever	= anyone who	= no matter who
whatever	= anything that	= no matter what
whichever	= any + 명사 + that	= no matter which

출제포인트 8   what vs. that

① what + 불완전한 절
② that + 완전한 절

Unit 13 형용사절 접속사 Review Note

출제 포인트 1 관계대명사의 역할과 종류

선행사에 따른 관계대명사의 종류

선행사	주격	목적격	소유격
사람	who	whom /who	whose
사물	which	which	whose
사람/사물	that	that	whose

① 주격 관계대명사 + 불완전한 절(주어 X)
② 목적격 관계대명사 + 불완전한 절(목적어 X)
③ 소유격 관계대명사 + 명사 /완전한 절

출제 포인트 2 관계대명사 that

① 관계대명사 that은 콤마 나 전치사 뒤에 올 수 없다.
② who, whom, which 대신 that을 쓸 수 있다.
③ ┌ 관계대명사 that + 불완전한 절
   └ 명사절 접속사 that + 완전한 절

출제 포인트 3 관계대명사의 생략

① 목적격 관계대명사는 생략할 수 있다.
② ' 주격 관계대명사 + be동사 '는 생략할 수 있다. *반드시 be동사와 함께 생략되어야 함!
- 이 경우 선행사 뒤에 바로 형용사나 분사가 온다.

출제 포인트 4 전치사 + 관계대명사

① 결합하는 두 문장의 공통 명사가 뒷문장에서는 전치사의 목적어로 쓰였을 때 '전치사+관계대명사' 형태로 두 문장을 연결할 수 있다.
I found **the box**. + I had put some documents **in the box**.
→ I found the box **which** I had put some documents **in**.
→ I found the box **in which** I put some documents. 나는 몇몇 서류를 넣어두었던 상자를 찾았다.

② 관계대명사 앞에 들어갈 전치사를 묻는 문제가 출제된다.
→ 관계절의 동사 또는 선행사와 어울리는 전치사를 고른다.

③ 전치사 뒤 관계대명사를 묻는 문제가 출제된다.
→ 선행사 에 어울리는 관계대명사를 고른다.

출제포인트 5 수량 표현 + of + 관계대명사

① '수량 표현 + of' 뒤에 관계대명사가 오기 위해서는 반드시 절이 2개 이상 있고, [접속사]가 없어야 한다.
※ 대명사와 관계대명사가 보기에 함께 주어지고 적절한 것을 고르는 문제로 출제!

[We have 20 members], · [**all of whom** are interested in investing in the project].
     절 1   them X   절 2

우리는 20명의 구성원들이 있고, 그들 모두 그 프로젝트에 투자하는 것에 관심이 있다.

[We have 20 members], and [**all of them** are interested in investing in the project].
     절 1   접속사   whom X   절 2

② '수량 표현 + of' 뒤에 오는 관계대명사는 수량 표현 앞 선행사가 사람이면 [whom], 사물이면 [which]를 쓴다.

선행사, + all/most/some/any/half/many + of + whom 또는 which

출제포인트 6 관계부사

① 선행사에 따른 관계부사의 종류

선행사	관계부사
시간을 나타내는 명사(the time, the day 등)	when
장소를 나타내는 명사(the place, the building 등)	where
이유를 나타내는 명사(the reason)	why
방법을 나타내는 명사(the way)	how

☆ how는 선행사 [the way]와 함께 쓸 수 없음. 둘 중 하나만 써야 한다.
   when, where, why는 선행사와 함께 쓰여도 되고, 선행사 없이 단독으로 쓰일 수도 있다.

② 관계부사 = [전치사] + 관계대명사

장소를 나타내는 명사 + where = in/at/on/to which
시간을 나타내는 명사 + when = in/on/at which
이유를 나타내는 명사 + why = for which
방법을 나타내는 명사 + how = in which

③ ┌ 관계부사 + [완전한] 절
    ├ 전치사 + 관계대명사 + [완전한] 절
    └ 관계대명사 + 불완전한 절(소유격은 예외, 소유격 관계대명사 + 완전한 절)
   ※ 보기에 관계부사와 관계대명사가 함께 제시되므로 빈칸 뒤의 구조를 보고 답을 고른다!

Unit 14 부사절 접속사 — Review Note

출제포인트 1 접속사 vs. 전치사 vs. 부사의 구분

① 접속사 vs. 전치사 vs. 부사를 구분하는 문제가 자주 출제됨! → 품사 문제!
- [접속사] + 주어 + 동사, 주어 + 동사~ / 주어 + 동사~ [접속사] 주어 + 동사
- [전치사] + 명사/동명사/명사절
- [부사] : 수식하는 역할만 가능, 문장을 연결할 수 X
- 주어 + 동사. 접속부사, 주어 + 동사

② 의미가 비슷한 접속사와 전치사

	접속사 (+ 주어 + 동사)	전치사 (+ 명사)
시간	when/as ~하는 동안, ~할 때 while ~하는 동안 as soon as ~하자마자 [once] 일단 ~하면 by the time ~할 때쯤에	during ~동안 by ~까지 following ~한 후에 prior to ~전에
이유	because/ [since] /now that/as ~때문에	because of / due to / owing to / on account of ~때문에 thanks to ~덕분에
조건	provided[providing] (that) / assuming (that) / supposing (that) / if ~한다면 [unless] ~가 아니라면 as long as ~하는 한 only if ~하는 경우에만	[without] ~없이 in case of ~의 경우에 in the event of ~의 경우에
양보	[although] /though/even if/even though ~에도 불구하고 while/whereas ~인 반면에	[despite] / in spite of / notwithstanding ~에도 불구하고

③ 접속사와 전치사로 모두 사용되는 어휘

접속사/전치사일 때 의미가 같은 단어	접속사/전치사일 때 의미가 다른 단어
before ~전에 after ~후에 until ~까지 like ~처럼	[since] [접속사] ~한 이래로, ~이기 때문에 　　　　[전치사] (과거 시점) 이래로 [as] [접속사] ~이기 때문에, ~할 때, ~함에 따라, ~처럼 　　　[전치사] ~로서 [for] [접속사] ~이기 때문에 (문장 사이에 쓰일 때) 　　　[전치사] ~을 위하여, ~에 대하여

출제포인트 2 부사절 접속사의 종류

① 시간 접속사

when ~할 때	after ~한 후에	before ~하기 전에	as soon as ~하자마자
once 일단 ~하면	while ~하는 동안	until ~할 때까지	as ~할 때, ~함에 따라
since ~한 이래로	by the time ~할 때쯤이면		

② 이유 접속사

because ~이기 때문에   since ~이기 때문에   as ~이기 때문에   now that ~이기 때문에

③ 양보 접속사

although 비록 ~이지만   though 비록 ~이지만   even if 비록 ~이지만   even though 비록 ~이지만
whereas ~한 반면에   while ~한 반면에

④ 조건 접속사

if ~라면   providing (that) ~라면   provided (that) ~라면   supposing (that) ~라면   assuming (that) ~라면
unless ~이 아니라면

⑤ 목적 접속사

so that ~하기 위해서   in order that ~하기 위해서

⑥ 결과 접속사

so + 형용사/부사 + that 그 결과 that절 하게 되다
such + 명사 + that 그 결과 that절 하게 되다

출제포인트 3 부사절 접속사 + -ing/-ed(p.p.)

① 부사절 접속사 + 문장 → 부사절 접속사 + -ing/-ed(p.p.)의 형태로 축약 가능

② 접속사에 따른 축약 형태
When + -ing/-ed(p.p.) ~할 때   While + -ing/-ed(p.p.) ~하는 동안
Before/After/Since + -ing/being p.p. ~하기 전에/후에/이래로
as/ if/once/unless/ though/although/even though/even if + p.p.
~한 대로/~라면/일단 ~하면/~하지 않는 이상/~임에도 불구하고

출제포인트 4 복합관계부사

① 복합관계부사: whenever (=no matter when), wherever (=no matter where), however(=no matter how)
② 복합관계부사 + 완전한 문장
③ however
- 뒤에 형용사/부사가 바로 나올 수 있음
- '그러나'라는 의미의 접속부사로 더 자주 출제됨

Review Note 151

Unit 15 비교 구문　　　　　　　　　　　　　　　　　Review Note

출제포인트 1 원급 비교

① 형태: `as` 형용사/부사의 원급 `as` ~만큼 -한/-하게
　　　　`not` as 형용사/부사의 원급 as ~만큼 -하지 않은/하지 않게

② 보어가 없는 불완전한 절 + as `형용사` as

③ 완전한 절 + as `부사` as

④ as ~ as 사이에 명사가 올 때는 수량형용사가 함께 쓰인다.
- as many + 복수 명사 + as ~만큼 많은 '명사'
- as much + `불가산` 명사 + as
- as few + `복수` 명사 + as ~만큼 적은 '명사'
- as little + 불가산 명사 + as

⑤ 원급을 수식하는 부사: as ~ as 앞에 위치

nearly 거의　　`almost` 거의　　`just` 딱, 꼭　　very 매우

출제포인트 2 비교급

① 형태: [1음절 단어] 형용사/부사의 -er + than ~보다 더 -한/더 -하게
　　　　[2음절 이상의 긴 단어] `more` 형용사/부사 than
　　　　`less` 형용사/부사 than ~보다 덜 -한/덜 -하게

② 보어가 없는 불완전한 절 + more `형용사` than

③ 완전한 절 + more `부사` than

④ 불완전한 절 + more + 가산 복수/불가산 명사 than　　더 많은 '명사'
　　불완전한 절 + `fewer` + 가산 복수 명사 than　　더 적은 '명사'
　　불완전한 절 + less + 불가산 명사 than　　더 적은 '명사'

⑤ 비교급 강조 표현: 비교급 `앞`에 위치

much / even / still / far / a lot / by far 훨씬

* significantly / considerably / substantially도 비교급을 강조할 수 있다.

⑥ 라틴어 비교급: -or로 끝나며 than 대신 `to` 사용

`prior` to ~보다 먼저　　`superior` to ~보다 우수한　　inferior to ~보다 열등한

⑦ the + 비교급~, the + 비교급 ~하면 할수록 더 -하다